# 証券化を支える
# 不動産評価

不動産鑑定士
宮ヶ原光正［著］
Mitsumasa Miyagahara

税務経理協会

# はじめに

バブル崩壊後の不良債権処理が一段落した頃から，不動産の流動化が叫ばれ，折からの経済回復の流れに沿って，不動産の証券化の動きが活発になり，不動産証券化市場は急速に拡大していった。しかし，2007年8月のいわゆるサブプライム危機に端を発し，2008年9月のリーマン・ブラザーズ・ショックを契機に世界金融危機が発生し，それによる信用収縮が実体経済へ影響し，世界的経済不況が深刻になってきた。不動産証券化市場全体も2007年6月以降下落基調に転じており，Ｊリートでは，2008年には1投資法人が上場廃止する事態も生じている。

ところで，当初から不動産証券化のファンダメンタルな要請として，証券化の対象となる不動産価格の適正な評価が必要不可欠なものと考えられていた。不動産価格の評価には，わが国の不動産鑑定士による不動産鑑定評価制度が対応しているのであるが，その根拠となる不動産鑑定評価基準は紆余曲折を経て，平成19年3月の一部改正により，証券化対象不動産の鑑定評価の実務的方向性が示された。その後金融庁による監査や国土交通省によるモニタリングを通じて，証券化対象不動産の鑑定評価におけるチェックが実施されている。今日，不動産の証券化において不動産鑑定士による不動産鑑定評価は，従来以上に厳格かつ説得力のあることが必要である，といえる。

従来，類似のケースとして，抵当証券発行に関する不動産鑑定士による不動産鑑定評価があげられる。

すなわち，抵当証券は，抵当権者の投下資本の回収・流動化をするため，抵当証券法に基づいて発行される証券であり，抵当権とその被担保債権とを表章するものであるが，抵当権者と抵当権設定者の特約がある場合に，抵当権者の申請に基づいて，抵当権の登記を管轄する登記所が，抵当証券を交付する。そして，抵当証券業者は，広く一般市民から購入者を募集し，モーゲージ証書（抵当証券の権利を小口化した共有持分）を販売し，モーゲージ証書の権利者は，債務者から，定められた元利金の支払を受けるものである。昭和58年以降，抵当証券業を営む会社が次々と設立され，抵当証券の販売額も急増したが，一方で「カラ売り」や「二重売り」による詐欺的行為が行われ，昭和61年頃，悪質な抵当証券会社が相次いで倒産して社会問題化し，昭和62年12月15日に「抵当証券業の規制等に関する法律」が制定され（昭和63年11月１日施行），抵当証券業者の登録制，抵当証券業者の抵当証券の保険禁止と抵当証券保管機構の設置及び社団法人抵当証券業協会の設立等が実現した。バブル期には不動産融資の手段として抵当証券が利用されて著しい伸びを示したが，バブル崩壊とともに多額の不良債権が発生し，抵当証券業者が数多く経営破綻した。抵当証券の発行額や販売額も下落し，抵当証券業協会も解散の止むなきにいたった。

抵当証券交付申請書には，担保十分性証書（抵当証券法施行細則21条の２）として一般に不動産鑑定評価書が添付され，モーゲージ購入者等の利害関係の閲覧に供される（抵当証券法施行細則10条）。登記官は，抵当証券発行に当たり，競売による売却価格が低額となることを考慮して，担保十分性証書の評価額に概ね７割ないし８割の掛け目を乗じた額を担保価値と判断することが実務の取り扱いであるとされていた。また，抵当証券発行のために不動産鑑定評価を行う不動産鑑定士が準拠すべき指針として，社団法人日本不動産鑑定協会から，昭和61年12月に，「抵当証券交付申請書添付鑑定評価書に係る不動産鑑定評価上の留意事項について」の通知が出され，その後平成２年から平成15年までに14回の改正・補充がなされた。

しかし，抵当証券会社の経営破綻による，抵当証券発行に関する損害賠償請求訴訟事件として，いわゆる「大和都市管財事件」の平成16年大阪地裁判決，平成17年東京地裁判決，平成18年東京高裁判決は，本題「証券化を支える不動産評価」を考えるにあたって，多くの示唆を与えるものとなった。主なものとしては，「抵当証券のしくみと不動産証券化のしくみ」における「倒産隔離」の問題及び「抵当証券の場合における不動産鑑定士の責任と不動産証券化の場合における不動産鑑定士の責任」の問題である。

したがって，本題においては，背景となる不動産証券化のしくみや実態を考察することから始め，次に不動産鑑定評価基準の改正とその実務指針等に基づき如何に適正な鑑定評価を行うかを検討して，その従来と大きく異なる証券化対象不動産の鑑定評価の特性を明らかにすることを目的とした。

第１編の不動産証券化のしくみでは，大きく５章に分けて，第１章不動産の市場動向，第２章不動産の投資，第３章不動産証券化市場の現状，第４章不動産証券化のシステム，第５章不動産証券化事業の根拠となる法律とスキーム，において不動産の証券化の基本的構造や信用リスク等を論じる。なお，社団法人不動産証券化協会は，毎年「不動産証券化ハンドブック」等で詳細な不動産証券化の実務的分析を行っており，また国土交通省は，毎年「不動産証券化の実態調査」や「土地白書」で報告をしており，さらにＪ－REITの場合は，新聞，雑誌，会社四季報，証券会社発行の月報や週報，目論見書，インターネット等で情報が入手できる。

第２編の証券化の対象となる不動産の鑑定評価では，大きく８章に分けて，第１章不動産鑑定士の責任の重要性，第２章証券化対象不動産の鑑定評価が必要な理由及びその特質，第３章証券化の対象となる不動産の適格性，第４章エンジニアリング・レポートの役割，第５章ＤＣＦ法による収益価格の品質保全，第６章証券化対象不動産の鑑定評価の適正な手順，第７章開発型証券化の対象となる不動産の鑑定評価，第８章鑑定評価報告書，において証券化対象不動産の鑑定評価では誤り等があれば不動産鑑定士の責任は免れないので，適正な不動産鑑定評価の手順を踏み，依頼者や投資家に説得力のある鑑定評価額を提示することが必要であること等を論じる。

参考資料として，Ⅰ不動産鑑定評価基準の一部改正，Ⅱ海外投資不動産鑑定評価のガイドライン，Ⅲ平成20年11月28日　企業会計基準委員会より公表された企業会計基準第20号「賃貸不動産の時価等の開示に関する会計基準」及び企業会計基準適用指針第23号「賃貸不動産の時価等の開示に関する会計基準の適用指針」，を提示した。

2009年８月

宮ヶ原　光正

# 目　　次

## 第2編　証券化の対象となる不動産の鑑定評価

# 第 1 編

# 不動産証券化のしくみ

バブル崩壊後の不良債権処理，その後のデフレ経済による消費の低下や設備投資の減少等によって不動産不況の波が約10年ばかり続いた。そして，経済回復につれて，つい最近の10年ばかりで不動産証券化のブレークが起こるに至った。しかし，平成18年のアメリカのサブプライムに端を発し，平成19年後半からは世界的不況に見舞われるに至った。不動産取引も大幅減少をたどり，東京都心部や主要都市の地価下落が顕著になってきており，バブル崩壊後の現象の再来かと疑うようなことが現実のものになっている。不動産ファンドを利用した不動産の証券化も一頓挫し，せっかくの直接金融もブームに終わるのか。銀行の貸出しの引き締めも厳しくなっている。あおりを食らって，企業倒産も増えており，Ｊ－REITにも倒産が生じた。事業として，投資家の出資よりも，銀行の融資に頼っている姿勢は，実際に不動産の証券化の構造に疑問を抱かざるを得ない。大不況ともなれば，そのことは明らかである。

そこで，ここでは不動産証券化を支える構造的な問題として，健全なしくみとは何かを問いたいと思う。

まず，不動産の取引の中から，不動産の証券化が活発になってきた背景を探りたい。それは，不動産市場の構造的な変化に目をやるとともに，投資家は不動産の証券化に何を期待し，果たして期待どおりの不動産の投資収益をあげ得るのかといったパフォーマンスに着目してみることから始める。そして，不動産証券化のピークはもうそろそろとささやかれている不動産証券化市場の現状に触れる。

つぎに，不動産証券化のシステムとして，その基本的構造を考察して，不動産証券化の信用リスクの回避が，十分機能しているのか考える。また，不動産証券化には実務慣行としてデュー・ディリジェンスが欠かせないことにも触れる。

さらに，不動産証券化事業は，不動産特定共同事業法によるものを別として，資産流動型のものから資産運用型のものへと主流が移ってきたが，その根拠となる法律とスキームを考察する。

# 第1章

# 不動産の市場動向

不動産の投資には，投資の対象となっている不動産の市場動向をよく把握する必要がある。不動産の市場は，主として，地価，賃貸オフィス市場，賃貸住宅市場，分譲マンション市場の４つの分野に分けられる。

## 1　地　　価

80年代後半に，いわゆるバブルのとき地価高騰が起こった。その原因は，政治・経済・文化といったあらゆる機能の東京への一極集中が進み，東京都心部のオフィス需要が急速に盛り上がったことにあった。地価高騰の動きを加速したのが，85年９月に開催されたＧ５（先進５カ国蔵相・中央銀行総裁会議）によるプラザ合意だった。80年代前半に日本から米国への輸出が急増していたが，プラザ合意によって大量の円買い・ドル売りの協調介入が実行され，為替相場が円高ドル安に向かうことになったのである。この状態を放っておくと，輸出に依存している企業で赤字となるところが続出するのはもちろんのこと，日本経済全体でも円高不況が進行してしまうことになる，ということで，政府は円高不況回避のために金融を緩和し，公定歩合の大幅な引き下げ（1985年末の5.0%→87年の2.5%）を実行するとともに，大量の資金を市中に供給した。この結果，市中ではいわゆる「金余り現象」が生じ，余った金が不動産や株式などの投機に向かい，地価が大きく上昇することになったのである。

地価の上昇は，83年から84年にかけてまず東京圏から始まり，次いで大阪圏，名古屋圏，地方圏へと広がっていった。用途別には，最初に都心部のオフィスビル用地の地価が上がり，次いで周辺の商業地，住宅地へと波及した。東京圏では88年に年間60％以上もの地価上昇を記録し，土地問題が社会問題としても取り扱われるようになった。地域によって多少の違いがあるが，地価高騰は少なくとも５年以上にわたって続き，日本の地価を異常ともいえる水準まで押し上げた。

依然として止まらない地価高騰に対して，政府は一貫して地価抑制策をとったものの，あまり効果はなかった。しかし，1990年４月に導入された不動産業等への融資の総量規制（銀行から不動産業などへの貸出を一定枠の中に収めるように規制するもの），８月の公定歩合引き上げ（5.25％→6.0％）をきっかけとして，地価は次第に下落に向かい始めた。以降，日本経済全体でデフレーションが進み，地価は10年以上にわたる下落を続けることになったのである。しかし，景気回復や不動産投資市場の発展などを背景に，2004年ころから東京都心部では一部の商業地の地価が上昇し，こうした動きが他の大都市にも広がった。ただし，すべての土地の地価が一律に上昇するというのではなく，地価の上がる土地と下落を続ける土地に二極分化した。

最近では，2006年のアメリカのサブプライムに端を発し，2007年後半からは世界的不況に見舞われるに至った。不動産取引も大幅減少をたどり，東京都心部や主要都市の地価下落が顕著になってきた。

平成21年３月末現在の㈶日本不動産研究所調査「市街地価格指数」によれば，前期比（半年間の変動率％）が六大都市は商業地△10.8，住宅地△5.4，工業地△3.0，全用途平均△6.9と大幅下落し，六大都市を除くは商業地△2.8，住宅地△2.0，工業地△2.2，全用途平均2.3と下落幅が拡大した。

**図表１－１－１　六大都市市街地価格指数**

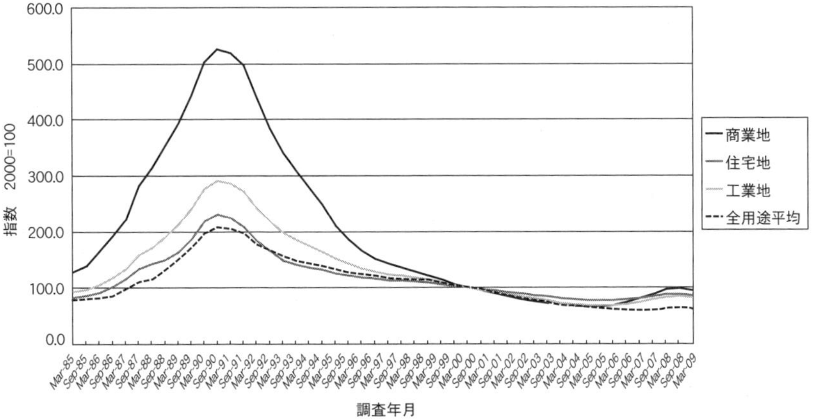


出所：㈶日本不動産研究所調査「市街地価格指数」

**図表１－１－2　六大都市を除く市街地価格指数**

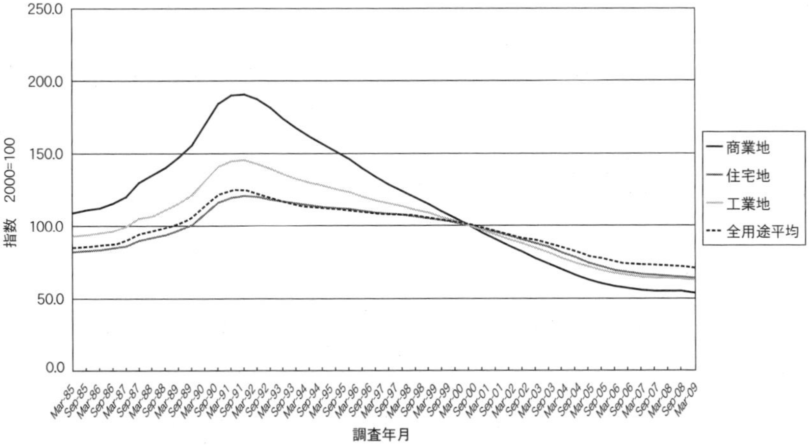


出所：㈶日本不動産研究所調査「市街地価格指数」

## 2　賃貸オフィスビル市場

83年頃からオフィス需要が急速に高まり，バブル期を中心にオフィスビルの空室率は82年から92年までの10年以上にわたって１％を切る水準（東京ビルヂング協会加盟ビル）が続いた。しかしバブルが崩壊し，オフィス需要は急速に萎んだ。それにもかかわらず，バブル期に着工したオフィスビルが94年前後に完成して大量に市場に供給されたため，ビル市況は悪化し，空室率は５％近くにまで跳ね上がった。その後，景気が若干回復したこともあって90年代半ばからはビル市況も持ち直した。しかし，2000年後半からは，景気衰退や「2003年問題」(2003年に多数の大型ビルが竣工することによる一時的な供給過剰が生じたという問題。その理由の一つは，国鉄清算事業団が，品川や汐留といった旧国鉄所有地を97年から98年にかけて民間事業者に売却した結果，ほぼ同時期に売却された土地にビルが建てられ，竣工時期が2003年に集中してしまったといわれている）に対する危惧もあり，空室率は再び上昇に向かった。

しかし，つい最近までは景気回復や企業のリストラの一巡を背景に，企業が積極的にオフィスの増床も進めていることもあって空室率は低下し，東京都心部の新築大型ビルでは竣工前に全テナントが決まることことも珍しくなくなっていた。また，旺盛なテナント需要を反映し，最新ビルはもちろん，それ以外のＡクラスビルでも，賃料引き上げの動きが出てきていた。ただ，ビルの供給量が絶対的に不足した時代は終わっているので，これまで以上にビル同士の競争が激しくなっていくことが予想される。さらに，よりいっそう深刻な問題として，「2010年問題」（東京のオフィスビルで働く人の数が減少していき，オフィスに対する需要が減ってしまうという問題）が話題にのぼっている。

今後の賃貸オフィスビル市場の動向として，主な点として以下のことが考えられる。

①　賃貸オフィスビルは，良質なビル不足から戦後長期間にわたって貸し手市場が続いたが，バブル崩壊のころから需要と供給のバランスが逆転し，

**図表1－1－3　賃貸オフィスビル賃料及び空室率の推移**

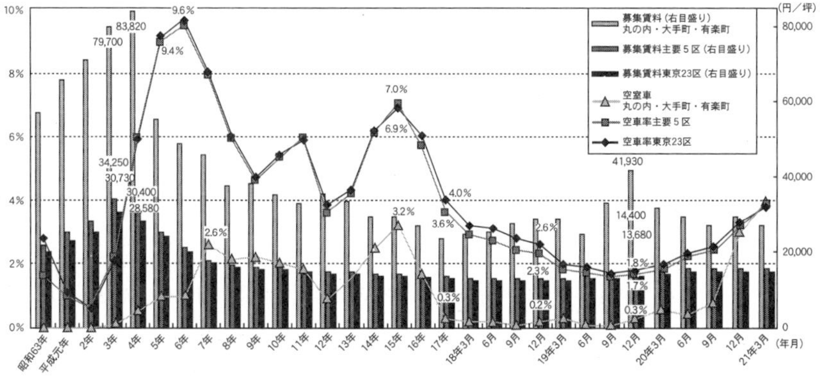


出所：シービー・リチャードエリス㈱「オフィスマーケットレポート」
（注１）　空室率は，各年12月時点の調査対象地域内のビルの賃室総面積に対する空室面積の割合。
（注２）　資料は，各年１～12月の募集資料の平均である。
（注３）　主要５区は，千代田区，中央区，港区，新宿区，渋谷区。
出所：国土交通省「平成21年版土地白書（概要）」

**図表1－1－4　オフィス賃料指数**

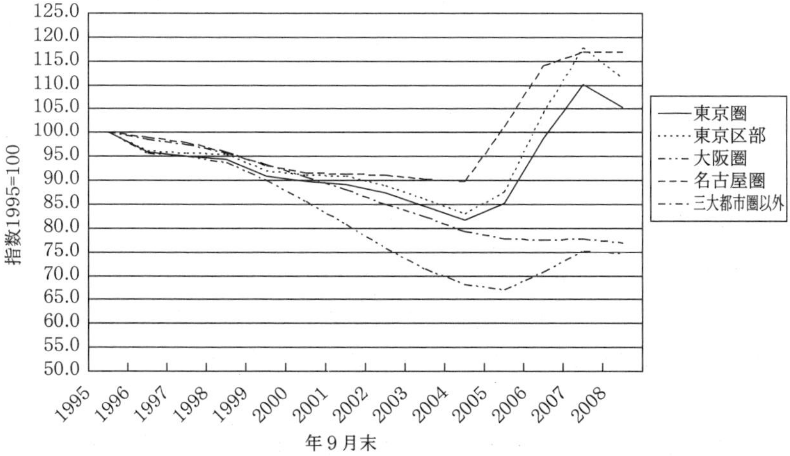


出所：㈶日本不動産研究所「全国賃料統計」

ビル同士の競争，ひいてはビルが集積しているエリア間の競争が激しくなりつつある。東京では，大手町・丸の内地区を中心に，新宿，渋谷，臨海副都心，汐留，品川，赤坂・六本木，大崎などのエリアに分かれてオフィスが集積していて，これらのエリア同士で，テナント誘致競争が起こっている。

② オフィスビルのテナントの大半が企業であるため，景気動向によってビルの空室率，賃料は大きな影響を受ける。

③ 今後とも老朽化ビルが増加する。例えば東京23区のオフィスビルのうちの約15％が1964年以前に建築されている。そのためにビルのバリューアップ（改修などによってビルの価値を高めること），デベロップメント（開発），コンバージョン（用途転換）などが必要になってくる。

景気の回復が続いていることを背景とした企業の業務拡大・人員増加のため，東京都心部を中心にオフィスビルの需要が拡大してきた。賃貸オフィスビルの空室率は低下傾向が続き，例えば東京都の丸の内・大手町・有楽町といった利便性の高い地区においてはほぼ空室がない状況であった（図表１－１－３）。しかし，景気の後退に伴い，2007年末からは空室率が上昇し，賃料の低下が続いている。

## 3　賃貸住宅市場

1980年代前半までは，持ち家志向の普及を背景に，新築住宅の中で持ち家が占める割合が上昇し，賃貸住宅（貸家と社宅の合計）の割合は低下していった。59年から73年にかけて，新築住宅の中で賃貸住宅が占める割合は約45％だったが，74年からバブル前の82年にかけては約30％まで低下した。

しかし，80年代の前半から次第に東京への一極集中が始まり，ビジネスの拠点，情報発信，文化などの機能の多くが東京圏に集中した。そのため他地域から東京圏へ流入してくる人も増え，その結果，80年代半ばから90年代前半にかけて，首都圏では貸家ブームが起き，世帯数の増加を上回る数の賃貸住宅が建設（建て替えを含む）された。

90年代前半にバブルが崩壊すると，需要が増えない中で賃貸住宅市場は供給過剰となり，空室率が上昇し賃料も下落に向かった。その後の景気回復や個人のライフスタイルの変化などを背景とする都心部の高級賃貸住宅に対する需要は根強い。

今後の賃貸住宅市場の動向として，主な点として以下のことが考えられる。

① もともと戦後の住宅不足を補う形で建設されてきた賃貸住宅は，広さや利便性といった住環境面では必ずしも十分なものではない。さらに国民の生活水準の向上や持ち家志向が，賃貸住宅を「一時的な居住の場」とし，質的な面での改善をさらに遅らせてしまった。

② 「所有から利用の時代へ」といわれるが，実際は持ち家よりも賃貸住宅を選ぶ人が急速に増えているわけではない。人口の減少，若年層の比率の低下などから考えても，これから賃貸住宅の需要が急速に増えていくとは考えにくい。

③ 不動産投資の対象となるのは，単身者やDINKS（Double Income No Kids：子供のいない共働き夫婦）向けの都心部高額物件やワンルームマンション，あるいは外国人向け住宅などの超高額物件に限られる。

**図表1－1－5　共同住宅賃料指数**

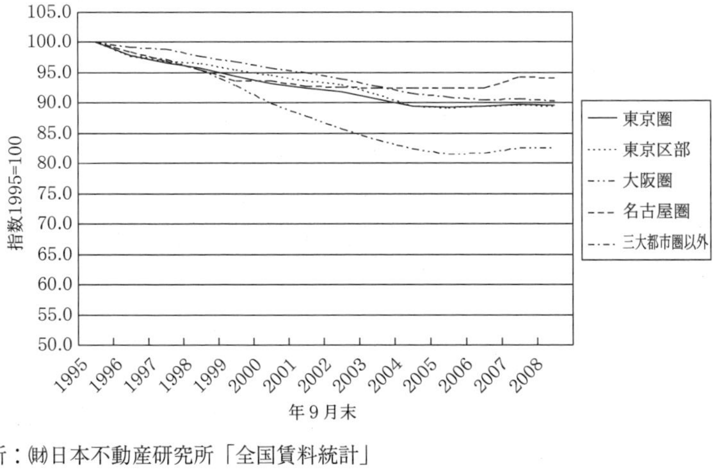


出所：㈶日本不動産研究所「全国賃料統計」

図表１－１－６　新設住宅（利用関係別）着工床面積の推移

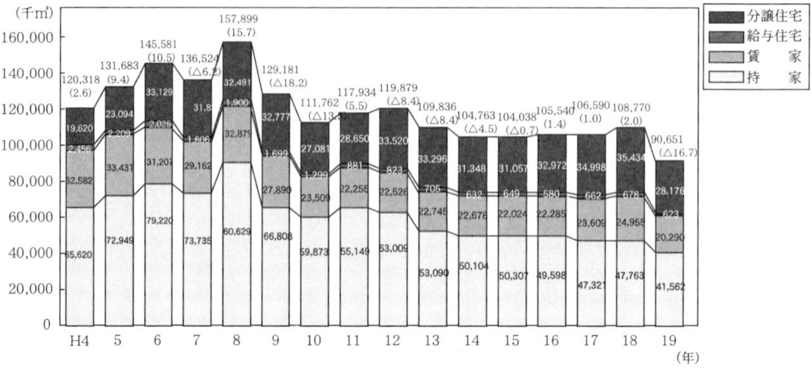

資料：国土交通省「住宅着工統計」
注：利用関係は以下による。
持　　家：建築主が自分で居住する目的で建築するもの。
賃　　家：建築主が賃貸する目的で建築するもの。
給与住宅：会社，官公署，学校等がその社員，職員，教員等を居住させる目的で建築するもの。
分譲住宅：建て売り又は分譲の目的で建築するもの。
出所：国土交通省「平成20年版土地白書」

# 4　分譲マンション市場

図表１－１－７　分譲マンション市場の沿革

| |
|---|
| ・1950年代後半から分譲マンションの建設が始まる。<br>・1964年（東京オリンピックの開催）ころ，高級物件を中心とする第１次マンションブームが起こった。<br>・68年から69年にかけての第２次マンションブーム（いざなぎ景気）では，マンション価格が勤労者年収の６倍以内に収まるようになる。<br>・72年から73年にかけての第３次マンションブーム（列島改造）の初期段階では，マンションの郊外化が進んだ。<br>・73年に起きた石油ショックによって，日本経済は大きな打撃を受け，マンションの売れ行きが急速に悪化し，その後もマンション市況の低迷が続いた。<br>・70年代後半から，団塊世代を中心にマンションの売れ行きが好調となり，第４次マンションブームが起こる。<br>・70年代の終わりから80年代前半にかけて，マンション市況は低迷を続けた。<br>・80年代後半からバブル期に入り，マンションの売れ行きは好調に推移し，第５次，第６次マンションブームとなった。<br>・90年代初めからのバブル崩壊とともにマンション市況は低迷し，首都圏の在庫が１万戸を上回る水準にまで膨れ上がった。<br>・デベロッパーは，地価下落によって土地の仕入れ価格が安くなったことに加え，建設費用が低下したこともあって，それまでよりもかなり低額でマンションを建てることができるようになり，マンション市況は持ち直し，以降，93年～94年ころからマンション市場では好況が続いた。<br>・2004年ころからは，供給場所の郊外化やマンション価格の上昇の動きが見られるようになったが，2007年秋からのサブプライム問題に端を発した，世界的不況の影響で，マンションデベロッパーの倒産が相次ぐなど，現在市況の混乱が続いている。 |

以上のようにマンション市場は循環的に好不況を繰り返してきたが，不況に遭遇するたびにマンションの価格，商品設計，企画などが見直され，不況を乗り越えてきた。

2003年ころまでのマンションの商品開発の例として次のようなものがあげられる。

・億ション（１億円以上のマンション）

・コンパクトマンション（40㎡～50㎡程度の子供のいない共働き夫婦，単身者向き）

・ワンルームマンション（単身者向け中心，投資家に売却）

・デザイナーズマンション（デザイナーが部屋ごとにアレンジしたもの）

・コーポラティブマンション（マンション購入者が共同して設計段階から関与して建設）

**図表1－1－8　新築マンション平均価格の年次別推移**
**（全国・首都圏・近畿圏）1989年～2008年**

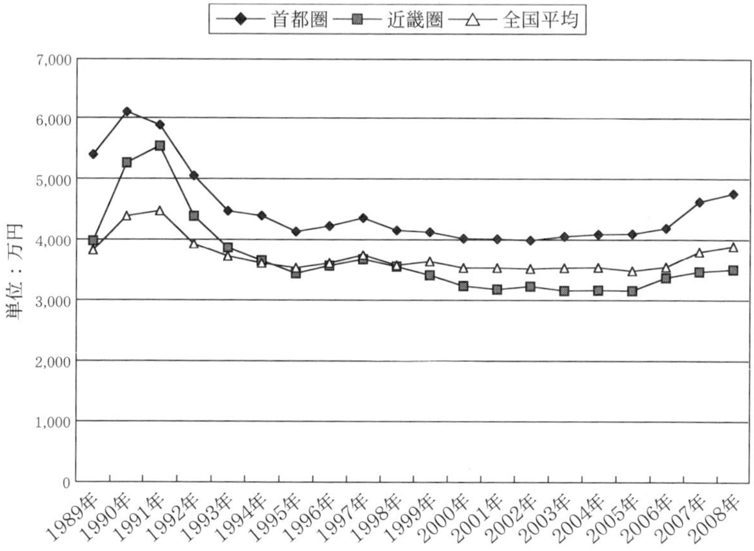


出所：㈱不動産経済研究所「全国マンション市場動向」

### 図表１－１－９　首都圏の新築マンション供給戸数

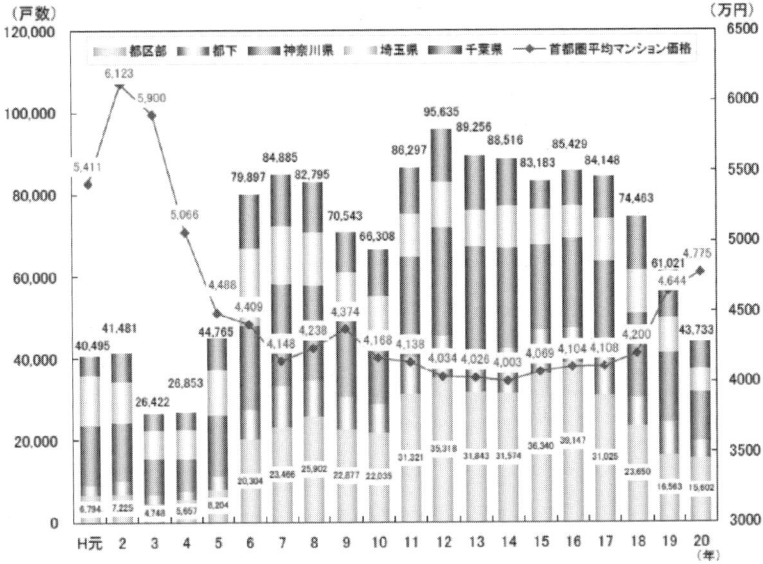


資料：㈱不動産経済研究所「全国マンション市場動向」
出所：国土交通省「平成21年版土地白書（概要）」

### 図表１－１－10　新築マンション供給在庫戸数と契約率の推移（首都圏）

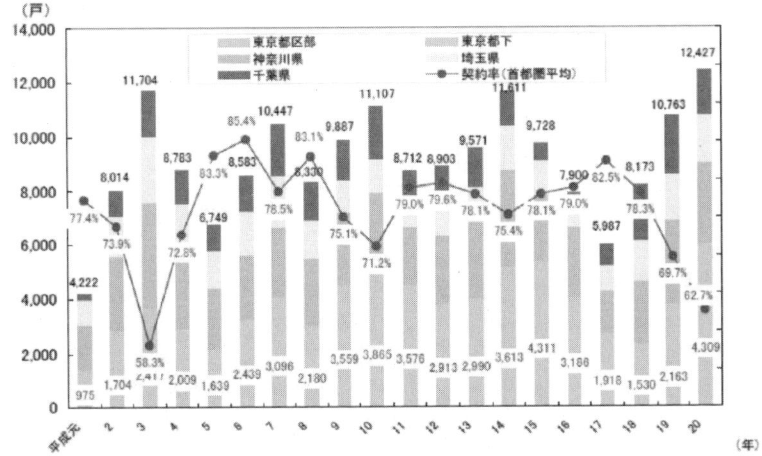


資料：㈱不動産経済研究所「全国マンション市場動向」
出所：国土交通省「平成21年版土地白書（概要）」

# 第2章

# 不動産の投資

## 1　不動産の取引と投資

不動産には，ライフサイクルがある。すなわち，まず，原野，林地，農地等の素地を造成し，宅地とする。その宅地に建物を建て，自用施設か賃貸施設として使用する。その建物の老朽化・陳腐化に伴い，建物を取り壊して更地にする。そしてまた宅地→建物建築→自用施設か賃貸施設を繰り返していく。これがシンプルな不動産のライフサイクルである。

図表１－２－１

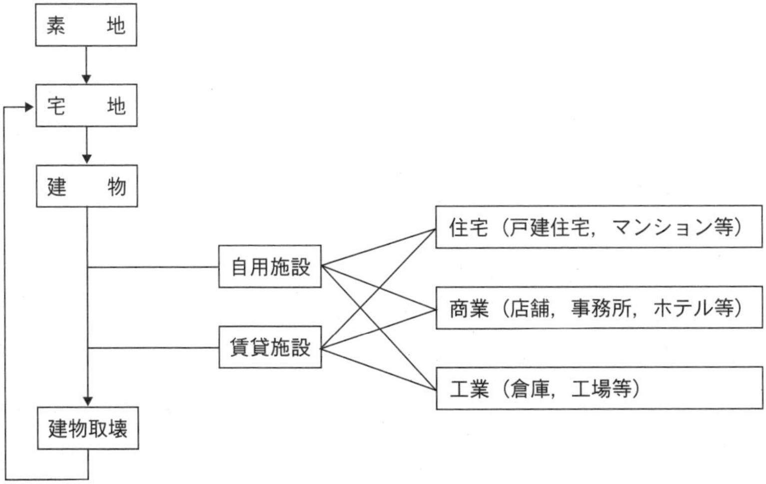

したがって，不動産の取引は，不動産のライフサイクルの各段階で生ずる。

図表１－２－２

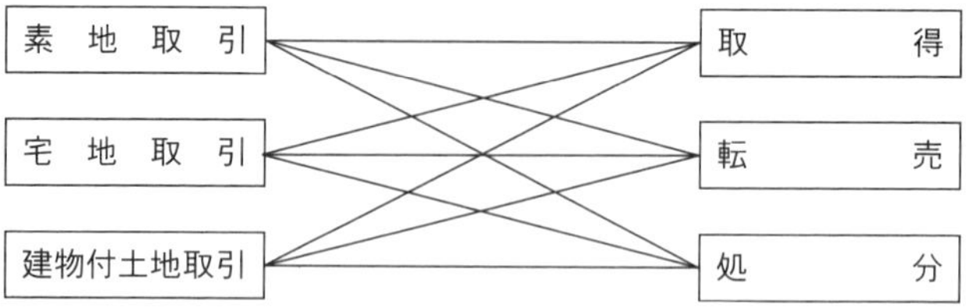


図表１－２－３　買主業種別件数

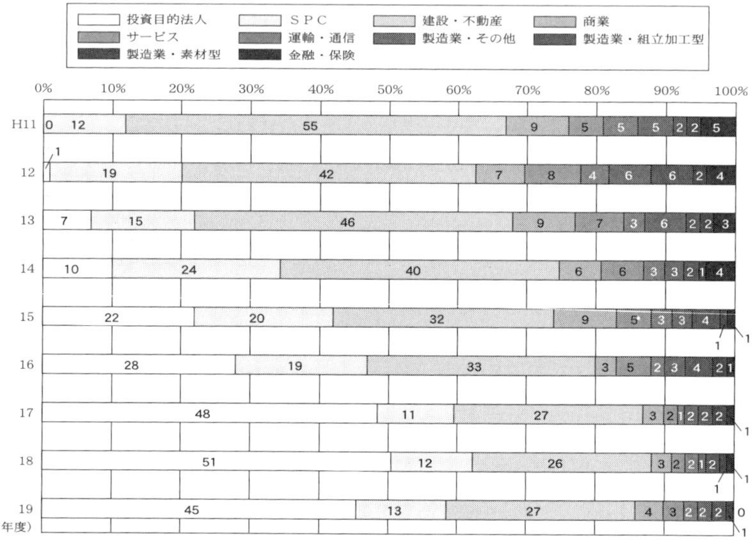


資料：㈱都市未来総合研究所「不動産売買実態調査」
出所：国土交通省「平成20年版土地白書」

図表１－２－４　売買による土地取引件数の推移

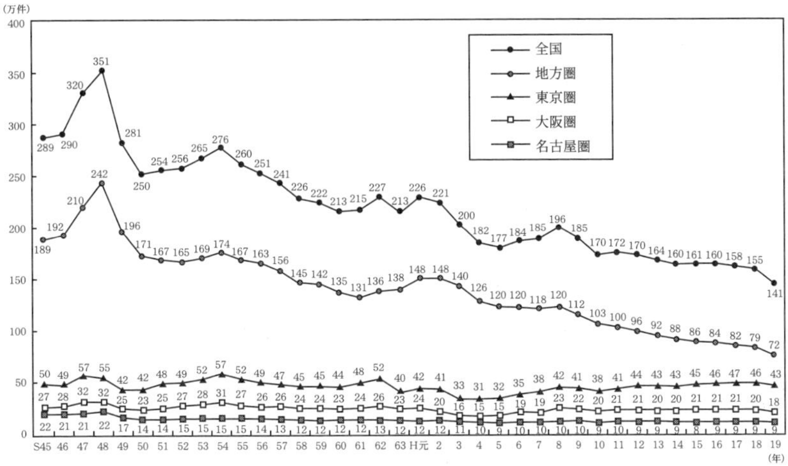


資料：法務省「法務統計月報」
　注：地域区分は以下による。
　　　東 京 圏：埼玉県，千葉県，東京都，神奈川県。
　　　大 阪 圏：大阪府，京都府，兵庫県。
　　　名古屋圏：愛知県，三重県。
　　　地 方 圏：上記以外の地域。
出所：国土交通省「平成20年版土地白書」

不動産の取引は，経済情勢に左右され，景気の上昇期には消費需要や設備投資の高まりとともに不動産取引が活発化し，逆に景気の下降期には不動産取引が沈静化してきた。ここ20年近くのわが国経済の流れをみても，不動産取引は大きな影響を受けてきた。バブル期の不動産価格の高騰は，一般経済の予測を遥かに超えるものであったが，バブル崩壊後の不動産価格の急下落に伴う不良債権化した不動産処理はすさまじいものがあった。あいつぐ金融機関の破綻やデフレの長期化等経済情勢の悪化に伴って，不動産特に開発や実物取引の沈静化は，一時は立ち直りができないのではないかとも思えた。

そこで経済回復と不動産取引の活性化が叫ばれるようになった。

そのために，地価の安定化と土地の有効利用が主張された。

1997年２月10日の閣議決定「新総合土地政策推進要綱」＜地価抑制から土地

の有効利用への転換＞では，「今後の土地政策の目標は，これまでの地価抑制を基調としていたものに代わって，『所有から利用へ』との理念の下，土地の有効活用による適正な土地利用の推進に転換し，総合的な施策を展開する必要がある。」としている。

しかし，不動産は，流動性が低いので，流動性の高い資産に転換する必要があるとされた。そこで，資産証券化のうち，証券化される資産として不動産あるいは不動産から派生する資産（不動産担保債権等）を対象とした「不動産の証券化」の必要性が主張された。

したがって，不動産証券化の背景として，⑴従来の間接金融から直接金融による資金調達へのシフト，⑵当初の不良債権処理の一環から，新たな資金調達手段への移行，⑶不動産証券化商品に対する投資家の需要の高まり，等があげられる。

すなわち，国土庁事務次官諮問「不動産の証券化に関する研究会」報告書（平成12年４月）によれば，「不動産の証券化は，一体化していた投資（取得・開発）と運営管理の機能を分離させ，不動産のプロジェクト自体に着目して直接市場から資金を集める途を開くとともに，投資に伴う事業リスクを広く分散させる一方で，最終投資家にとっては，保有する金融資産を一層活用させるものとして捉えることができる。」として，「不動産の証券化は，バブル崩壊後の経済社会の構造的な変化の中で，伝統的な商業銀行を経由したいわゆる間接金融が必ずしも十全に機能しなくなったことをも背景として，事業主体のリスク負担力や資金調達力が低下している現状下で，新たな資金を不動産の有効活用に導くものと期待されている。」としている。さらに，「我が国における不動産の証券化は，歴史的に見れば不良債権の処理の一環として論じられはじめたように思われ，それは1998年のいわゆるＳＰＣ法の成立につながり，その後，様々の制度の創設や変更に至り，その動きは現在も続いている。その証券化の動機も，その要因も，当初は自らの保有する不動産の価格のさらなる低下や簿価割れに対処するというものに重点があったが，時代の変遷とともに，当該企業の新たな資金調達手段，あるいは，より低コストの資金調達手段という見地から，積極的な取り組みが増えてきたように思われる。加えて，最近の低金利のもと，比較的利回りの高い不動産証券化商品に対する投資家サイドからの需要の高まりは，これらの動きをさらに活発化させているように思われる」としている。

折からの経済の回復を背に，不動産ファンド等の急成長や不動産証券化の急発展が見られた。しかし，ごく最近では米国のサブプライム問題に端を発した，金融危機，世界経済不況の不安が深刻になってきて，多額の資金を有する不動産事業にも一大打撃を与えている。不動産証券化の進展は，ファンド等を通じた不動産事業の活発化がそのベースになっているので，このような経済情勢が長びけば，不動産の証券化に影響が出てくるものと思われる。

## 2　不動産の投資収益

### (1)　不動産の投資収益の特徴

不動産投資は，不動産事業として土地や建物など実物不動産に直接投資するものと，株式と同じように利回りを得る権利を買う商品である「不動産証券化商品」に間接的に投資するものの２つのタイプに区分される。

不動産事業としての実物不動産への投資は，経営と資本が分離していない場合で，(a)オフィスビルやマンション等の賃貸不動産から生ずる安定収益の確保および資産保有に伴うキャピタルゲインの確保が目的となる不動産の長期保有，(b)不動産を購入し開発を行って分譲する不動産の開発・分譲，(c)短期のキャピタルゲインをねらった不動産の転売が考えられる。

不動産が証券化された場合は，経営と資本が完全に分離していて，もっぱら投資家は証券を保有する期間中の配当と売却時の転売差額に関心を持つことになる。

図表１－２－５　タイプ別不動産投資

| 項　　目 | 不動産事業 | 不動産が証券化された場合 |
|---|---|---|
| 投　資　額 | 多額 | 投資額を細分化し，一口の金額が少額 |
| 流　動　性 | ・金銭化が容易でない。<br>・すぐ売却できない。<br>・買い手がすぐ見つからない。<br>・テナントがいる場合立ち退きの交渉に長時間を要するとともに多額の立退料が必要。<br>・仲介手数料，不動産譲渡所得税等のコストを伴う。 | 流動性は，上場されている場合この証券の需要量がどの程度かに依存する。<br>不動産証券が上場されるためには，その市場（取引所）が整備されることが基本的条件であり，単一不動産をベースとした証券はリスク・リターンの評価が難しく上場しにくいが，多数の不動産のポートフォリオをベースとした証券は，評価しやすく上場しやすい。 |
| 経　営　手　腕 | 不動産賃貸業，分譲業などの事業を行う場合，その収益は事業者の遂行力，建物など完成後の事業運営力等に依存する。<br>金融機関などのデットタイプの資金提供者は，提供される資料により自ら当該不動産の収益性，危険性を検討し，デフォルト確率を判断しなければならない。 | 投資収益は，証券購入者の経営手腕ではない。しかし，その証券が上場され市場がその収益とリスクを評価してくれるのであれば市場の価格だけをみていればよいが，市場がない場合は証券の購入者も提供される資料により自ら当該不動産事業の収益性，危険性を判断する必要がある。 |
| 将来の収益性 | 不動産は将来の収益が確定していないので，投資家は，確定利付債権のような安全資産より高い収益率を要求する。 | 各証券の収益の不確実性は，元の不動産に依存することになるが，各証券の契約の内容（利息，配当の優先順位，元本の求償順位等）により異なる。 |
| キャピタルゲインに対する期待（インフレヘッジ機能） | 不動産価格はインフレに伴い上昇することが多く，インフレによる実質資産価値の減少をヘッジする機能をもつ。 | エクイティ型証券にはインフレヘッジ機能はあるが，デット型証券にはインフレヘッジ機能はない。 |
| 開　発　利　益 | 開発利益が発生するケースは，当該不動産投資の実行(開発)に基づき環境の向上な | 特に考慮する必要がない。 |

| | | |
|---|---|---|
| | どにより周辺地域に利益を与える場合である。また，他の開発の開発利益が帰着するケースは，鉄道，道路または公園などの公共公益施設の整備あるいは他の民間開発により当該不動産が利益を受ける場合である。なお，公害等の負の外部効果を伴う場合，開発に伴って他に与えるまたは他の開発から受ける損失が問題となる。 | |
| リ　ス　ク | ・「レバレッジ効果」を期待して低金利でローンを組んだ場合，金利が上昇して利払いが多くなれば，運用利回りが相対的に低下する。<br>・不動産価格の上昇によってキャピタルゲインが期待できるが，半面予想外に下落するリスクもある。<br>・人口の少ない地域や供給過剰ぎみの都心部のビルのように，空き室が出るリスクもある。<br>・老朽化に伴う修繕や設備故障等のリスクが高まる場合がある。<br>・地震や火災などの不測の事態に対して，保険に入るなど事前の対策が欠かせない。 | ・市場の需給動向や運営会社の財務状況によっては銘柄の価格が変動する危険性がある。<br>・投資先物件の賃料低下や空き室などによって運営会社の収益が悪化すると，配当金が減少するリスクがある。<br>・金利が上昇した場合，支払利息が増加して収益が悪化し，配当金が減るなど金利の変動リスクがある。<br>・運営会社の信用リスクとともに，その母体となっている不動産会社などの信用リスクがある。<br>・投資物件に重大な欠陥があった場合，価格や配当金に影響が出るなど，投資物件のリスクがある。<br>・人口の少ない地域や供給過剰ぎみの都心部のビルのように，空き室が出るなど稼働性のリスクがある。 |

図表１－２－６　不動産賃貸業のリターンとリスク

| 項　目 | 不　動　産　賃　貸　業 |
| --- | --- |
| リターン | ◇　構成の多様化；関係者・契約内容（定期借地，定期借家）<br>◇　賃料水準；家賃・地代，共益費，一時金等の推移<br>◇　需給関係；空室率・稼働率の推移<br>◇　利回り；ＮＯＩ，期待利回り |
| リ ス ク | ◇　用地取得に関するリスク<br>◇　企画から開発許可に係るリスク<br>◇　建築費，建築期間など建築に係るリスク<br>◇　テナント確保，初期賃料に関するリスク<br>◇　将来の純収益（賃料，空室率，運用費用等）に関するリスク<br>◇　大規模修繕に関するリスク<br>◇　売却を選択する場合のタイミングに関するリスク<br>◇　建て替えのタイミング，立ち退き料等建て替えに関するリスク |

### (2)　投資家が投資をする２つの目標

#### ①　元本の保全

投資家は，毎期の返済，将来のある時点での一括返済あるいはこれらの両方の返済によって，初期投資が回収されることを期待する（「投下資本の回収」または「回復」）が，特に転売時における収益を期待する。

#### ②　投資収益の獲得

投資家は，投下資本に対する収益を獲得することを期待するが，リスクの低い投資は低い収益，リスクの高い投資は高い収益を生み出すと期待する。したがって，物件の詳細な分析を経て不動産の収益を類推し，同一物件の情報を使ってさまざまな収益が計算される。

いいかえれば，不動産の投資収益は，不動産を運用することによって得られる毎期の収益（インカムゲイン）および不動産価格の変動によって得られる収益（キャピタルゲインまたロス）からなる。

$$TR = R + (V_1 - V_0)$$

ＴＲ：総合収益

Ｒ　：インカムゲイン（地代または家賃）

$V_1-V_0$：キャピタルゲインまたはロス（不動産価格の変動に基づく損益）

### (3)　不動産投資の判断基準

#### ①　投資の収益性に着目した指標

◇　単年度を基準にして投資収益性を示す指標

| 単年度基準の投資利回り＝純営業収益（ＮＯＩ）÷総投資額 |
|---|

ア　投資家が同様の計算で，将来どれだけの投資利回りを得られるかを予想したものが「**期待利回り**」である。

イ　**純営業収益**（Ｎｅｔ Ｏｐｅｒａｔｉｎｇ Ｉｎｃｏｍｅ＝ＮＯＩ），すなわち，減価償却前営業利益＝営業収入－営業費用である。

ウ　不動産の純収益（ＮＯＩ）から総投資額（＝その不動産の投資価値）を計算する場合に使われる投資利回りが**キャップレート**（Ｃａｐｉｔａｌｉｚａｔｉｏｎ Ｒａｔｅ）である。

エ　**還元利回り**

初年度純収益を初期投資額で割って求めたものである。

還元利回りに相異を生じさせる主な要因には，次のものがある。

・資金調達方法の違い
・購入された権利の違い
・余剰土地の存在
・空室損失および貸倒損失相当額の割合の違い
・経費率の違い
・将来期待される収益の違い
・期待される転売（復帰）価格の違い

オ　**純キャッシュフロー**（Ｎｅｔ Ｃａｓｈ Ｆｌｏｗ＝ＮＣＦ）

ＮＯＩから，資本的支出（CAPEX:Capital Expenditure），仲介手数料，原状回復費用（貸主負担）を差し引き，不動産運用によって，実際に手元に残るキャッシュを算出したもの。

◇　一定の投資期間の投資収益性を示す指標

**ア　正味現在価値（Net Present Value＝NPV）**

「不動産が将来的に生み出す純営業収益（ＮＯＩ）の現在価値」から「現在の投資額」を差し引いた金額のことで，投資によって得られる損益（キャッシュフローベース，見込み）を現在価値ベースの絶対金額で示す。この指標がプラスであれば投資することで利益を確保することが見込まれる。

**イ　内部収益率（Internal Rate of Return＝IRR）**

不動産の投資によって得られる将来の毎期のキャッシュフローを現在価値に割り引いたものがその不動産の投資価値と等しくなるまで反復して計算して求められた利回り「イールドレート（割引率）」。ＩＲＲが資金調達コスト（借入金の金利など）よりも高ければ，投資することで利益（キャッシュフローベース）が得られる。

**ウ　割　引　率**

割引率（プロパティ・イールドレート）は，不動産全体の価値に対する内部収益率であり，期待される純収益と転売収入の手取額の合計額を割り引いたものが物件全体の価値に等しくなるような利回りを見つけだすことによって求められる。

異なる投資対象のイールドレートは，次のような要因によって，投資リスクの違いによるものである。

・既存物件か開発物件か
・賃貸条件，例えばＣＰＩ（消費者物価指数）調整や通り抜け費用など
・テナントの信用格付け
・購入された権利の違い

実務的には投資利回りであるＩＲＲで投資家の希望水準に達しているかどうかを判断し，それからどのくらいの利益の絶対額が見込めるかをNPVで把握するケースが多い。

### ②　投資収益とリスクとの関係に着目した指標

◇　不動産投資のリスク

ア　不動産の投資には，期待される投資収益（**リターン**）に対して，投資に伴う不確実性＝**リスク**がある。

イ　投資家は，投資家が許容するリスクに見合うだけのリターンが得られるのでありれば，多少リスクが高い資産に対しても投資する。したがって，不動産投資にはリスクがあるが，リスクのない国債よりも不動産に投資するのは高いリターン（収益）を期待できるからである。一般にリスクの大きい投資のリターンは，相対的にリスクの少ない投資のリターンよりも高くなる。このリターンの差が**リスクプレミアム**である。

（例）　不動産投資のリターン（都心部のオフィスビル：3.5～５％）

＝国債投資のリターン（２％弱）＋リスクプレミアム（1.5％～３％）

ウ　不動産は一般に**ミドルリスク・ミドルリターン**（中程度のリスクと中程度の収益の投資商品とされている）

一般的な投資リスクの大きさ：債券投資＜不動産投資＜株式投資

エ　**不動産事業固有のリスク**

| リスク・ファクター | 不確実な要素の例 |
|---|---|
| ・用地取得リスク | 事業用地の確保，用地取得交渉，購入価格，土壌汚染 |
| ・行政許認可リスク | 開発許可取得，所要期間，開発負担金，行政指導 |
| ・建築リスク | 建築コスト，建築期間，近隣交渉 |
| ・管理運営リスク | 建物設備劣化，事故，災害，クレーム |
| ・収益性リスク | 賃料，空室，運営費用，経済的・社会的価値の劣化 |
| ・出口（売却）リスク | 出口の売却価格，売却タイミング |
| ・ファイナンス・リスク | 投資資金の調達，運転資金の調達，リファイナンス（借り換え） |

オ　**平均・分散アプローチ**

一定期間のリターンの平均値から，毎年のリターンがどの程度バラついているかを計算して，そのばらつき度合いをもって，リスクの大きさとするものである。

カ　不動産投資のリスクを測る尺度の一つとして，**標準偏差**が用いられる。

　標準偏差は平均値からの振れの大きさ（バラつき度合い）を示している。この振れ幅の大きさを**ボラティリティ**（Volatility）と呼んでいる。

キ　リスク指標としての標準偏差は多くの場合は有効であるが，データのバラツキ状況や個人のリスクに対する感じ方に違いがあるので，絶対的指標ではない。

◇　リスク指標の不動産投資への適用

ア　投資対象となっている不動産のリスクとリターンを，ともに数値で表して優劣を判定する方法

・縦軸にリターン（投資利回り），横軸にリスク（標準偏差）を記したグラフ

イ　不動産投資のリスク指標の活用方法として，他の投資指標（キャップレート，ＮＰＶなど）の中にリスクプレミアムとして組み込む方法

ウ　実務上は，不動産の立地，建物・設備の状況などに応じて，あらかじめ加算すべきリスクプレミアムを設定しておき，基準となる投資利回り指標（都心部のトップクラスビルへの投資利回りなど）に投資対象物件に見合ったリスクプレミアムを加えて，対象物件の投資利回りを算出しているケースが多い。

表１－２－７　不動産投資利回りの水準
（オフィスビル投資に対する投資家アンケートの結果）

| モデルビル | 期待利回り（注２） | リスク・プレミアム（注３） | 想定投資期間 |
|---|---|---|---|
| 丸の内・大手町地区のＡクラスビル | 4.5% | 3.0% | ５年 |

| モデルビルとの相違 | 地　区 | 期待利回りの格差 |
|---|---|---|
| 立地条件による格差（注４） | 日本橋（日本橋駅周辺） | 0.4% |
| | 神田（神保町駅周辺） | 0.7% |
| | 秋葉原（秋葉原駅周辺） | 0.7% |
| | 虎ノ門（虎ノ門駅周辺） | 0.5% |
| | 汐留（汐留駅周辺） | 0.5% |
| | 赤坂（赤坂見附駅周辺） | 0.5% |
| | 六本木（六本木駅周辺） | 0.5% |
| | 港南（品川駅周辺） | 0.7% |
| | 西新宿（東京都庁周辺） | 0.7% |
| | 渋谷（渋谷駅周辺） | 0.6% |
| | 池袋（池袋駅周辺） | 1.0% |
| | 上野（上野広小路周辺） | 1.2% |
| | 大崎（大崎駅周辺） | 0.8% |

（注１）　アンケート集計結果の代表値として，中央値を採用している。
（注２）　期待利回り：投資価値の判断（計算）に使われる還元利回りを指す。通常，初年度の純収益（ＮＯＩ）を期待利回りで割ったものが投資価値となる。
（注３）　リスクプレミアム：10年国債の利回りに対するプレミアムを指す。
（注４）　立地条件以外に，建物状況（築年数，規模など），設備，維持管理状況などによりキャップレートの格差が生じる。
出所：財団法人日本不動産研究所の「第20回不動産投資家調査（平成21年４月現在）」による。

### ③　投資の安全性に着目した指標

◇　投資から生ずる損益状況を示す指標

**ア　単年度収支の黒字転換時期**

ある事業の毎年の収支が赤字から黒字に転換する時期のことを指し，できるだけ早いほうがよい。

**イ　累積赤字解消時期**

累積赤字をいつになったら解消できるかを示し，10年以内が望ましい。

◇　投資資金の回収時期の指標

ア　**投下資本回収時期**

不動産が毎年生み出すキャッシュフロー（資金収支。純営業収益（ＮＯＩ）などが用いられる）で，いつになったら事業者がその不動産に投下した資金を，回収できるかを示し，20年以内が望ましい。

イ　**借入金完済時期**

貸出金の返済がすべて終了する時期を示し，20年以内が望ましい。

◇　投資期間中の資金繰りの安定性を示す指標

ア　ＤＳＣＲ（Ｄｅｂｔ Ｓｅｒｖｉｃｅ Ｃｏｖｅｒａｇｅ Ｒａｔｉｏ）

毎年の利益による借入金の元本・利息の返済能力を示し，DSCR＝年間の純営業収益（ＮＯＩ）÷年間の借入金返済額（元本＋金利）

この数値が大きければ大きいほど，借入金の返済に余裕があることになる。

イ　DSCRの適正水準は，不動産投資額に対する借入金の比率（Loan To Value＝ＬＴＶ）とのバランスで変化し，一般的には1.5以上が望ましい。

**表１－２－８　格付けレベルごとのＬＴＶとＤＳＣＲの一般例**

| 格付けレベル | ＬＴＶ | ＤＳＣＲ |
|---|---|---|
| ＡＡＡ | 35－40% | 2.25－2.5 |
| ＡＡ | 40－47.5% | 2.0－2.25 |
| Ａ | 47.5－55% | 1.8－2.0 |
| ＢＢＢ | 55－60% | 1.6－1.8 |
| ＢＢ | 60－65% | 1.4－1.6 |
| Ｂ | 65－75% | 1.2－1.4 |

（注）ＤＳＣＲの計算では，ＮＯＩから長期修繕費用などを控除したＮＣＦを使用

資料：スタンダード＆プアーズ「ストラクチャード・ファイナンス・ジャパン」（1999年７月）

出所：田辺信之著／日経不動産マーケット情報「基礎から学ぶ不動産投資ビジネス」

# 第3章

# 不動産証券化市場の現状

国土交通省「平成21年版土地白書（概要）」「平成20年度不動産証券化の実態調査」によると，不動産証券化市場の現状の主な事柄は以下のとおりである。

1995年以降，不動産証券化の市場規模は拡大の一途をたどり，平成19年度中に証券化された不動産資産額は約8.9兆円に達したが，一転して，平成20年度に実施された額は，約3.1兆円と大幅に減少した。その件数も，470件で前年度（1,523件）と比べて大幅に減少した。1件当たりの資産額は約6千億円となり，前年度の半分以下に減少した（図表1－3－1）。

**図表1－3－1　不動産証券化の実績の推移**

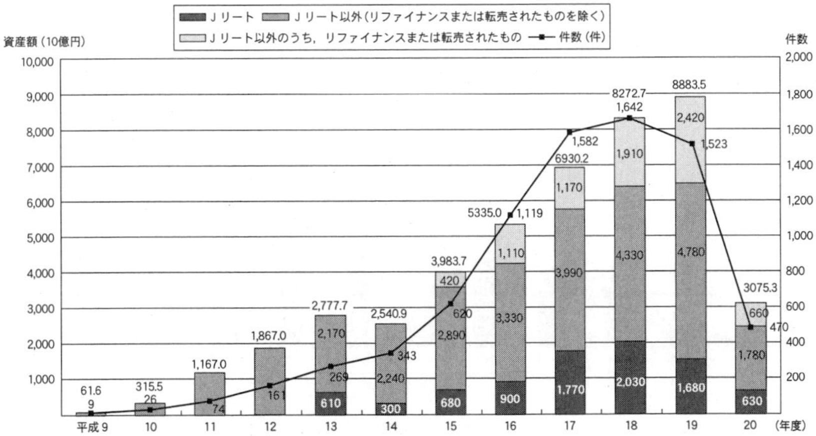


資料：国土交通省「不動産の証券化実態調査」

（注1）　ここでは，不動産流動化の全体的なボリュームを把握する観点から，証券を発行したもの（狭義の証券化）に限定せず，借入れ等により資金調達を行った

もの（広義の証券化）も対象としている。

（注2）「Ｊリート以外のうち，リファイナンスまたは転売されたもの」

　Ｊリート以外のうち，リファイナンスまたは転売との回答があった物件の資産額である。但し，それは信託受益権を特定資産として証券化しているものに限っている。そのため，実際の額はこれより大きい可能性がある。なお，平成14年度以前についてはこの項目は調査していない。

（注3）　Ｊリートについては，投資法人を１件としている。

（注4）　内訳については四捨五入をしているため総額とは一致しない。

（注5）　平成20年度分データについてはＴＭＫにかかる証券化の実績が確定していないため，平成19年度のＴＭＫ届出実績と証券化の実績の割合を平成20年度の届出実績に掛け合わせて推計している。平成19年度分は，ＴＭＫの証券化の実績等を基に再集計した。

証券化の対象となった不動産の主な用途について資産額ベースでみると，平成20年度では，オフィスが全体の37.7%，住宅が18.1%，商業施設が21.6%などとなっている。前年度と比較すると住宅の全体に占める割合が減少し，オフィス及び商業施設の全体に占める割合が増加している（図表１－３－２）。

**図表１－３－２　不動産証券化の用途別の実績の推移**

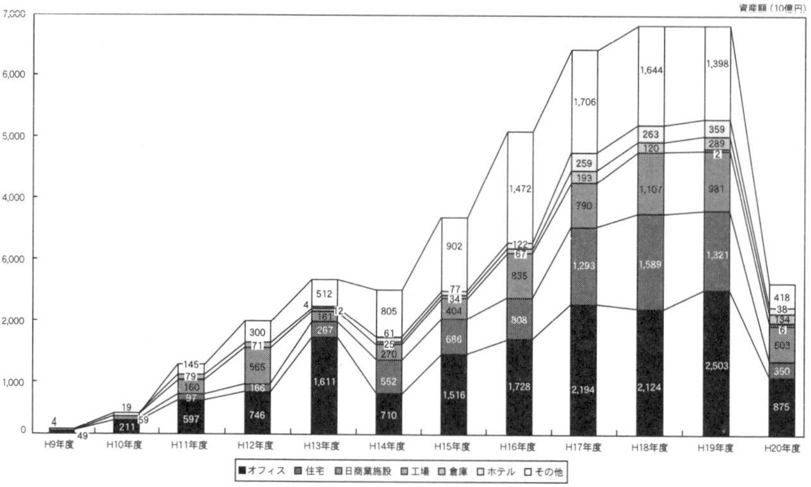


またスキーム別では，信託受益権を合同会社等を通じて証券化する方法（GT－TK等）が最も多く，平成20年度においては，１兆1,763億円で全体の約38%を占めている。次いでＴＭＫが１兆1,039億円，Ｊリートが6,277億円となって

いる（図表1－3－3）。また，信託受益権と実物の比率では，信託受益権が約6割，実物が約4割となっている（図表1－3－4）。

**図表1－3－3　スキーム別不動産証券化の実績**

| | H20年度分（10億円） | | | H9～H20の累計（10億円） |
|---|---|---|---|---|
| | 実物 | 信託受益権 | 計 | |
| Jリート | 243.8 | 383.9 | 627.7 | 8,598.0 |
| 不動産特定共同事業 | 167.5 | － | 167.5 | 1,809.3 |
| 特定目的会社（TMK） | 751.3 | 352.6 | 1,103.9 | 11,145.0 |
| GK－TKスキーム等 | － | 1,176.3 | 1,176.3 | 23,613.6 |
| 計 | 1162.6 | 1,912.7 | 3,075.3 | 45,165.9 |

（注1）　スキーム不明の約500億円を含まないためH9～H20の各年度証券化実績の単純累計額とは不突合がある。
（注2）　平成20年度分の内訳は速報値。
（注3）「GK－TKスキーム等」については，昨年度調査まで「その他スキーム」と表記していたが，今年度から変更した。

**図表1－3－4　スキーム別　不動産証券化の実績の推移**

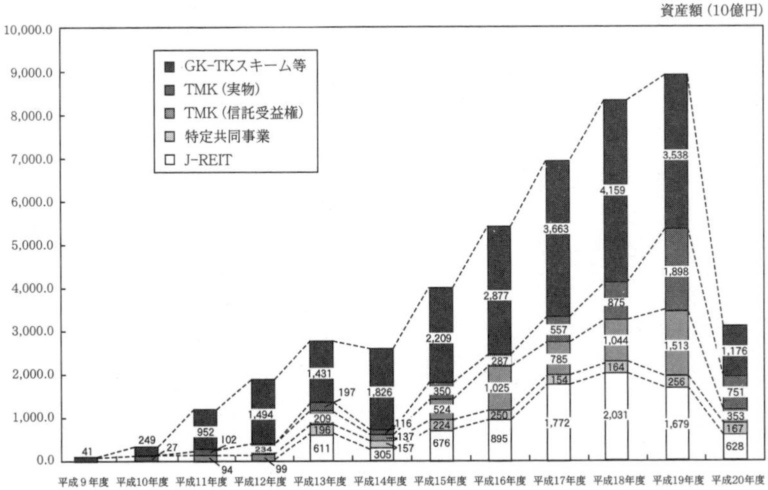


（注1）　平成20年度分の内訳は速報値。TMKは届出実績を計上。
（注2）　平成19年度分は，TMKの発行実績等を基に再集計。

Ｊリートは，平成20年に１投資法人が上場廃止となり，平成21年３月末で41銘柄が上場しており，合計約720万口，時価で約２兆５千億円の投資証券が流通している。投資口価格は平成19年６月以降，平成20年度末まで下落傾向が続いた。東証リート指数は平成19年５月末には2,612.98であったが，平成20年度には最大で７割以上下落し，平成21年３月末には845.37となった（図表１－３－５）。

図１－３－５　東証リート指数と時価総額の推移

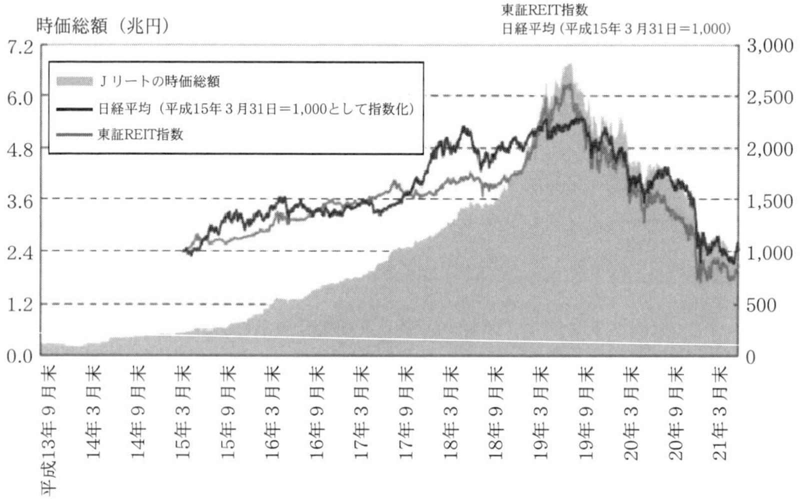


資料：日本経済新聞社，東京証券取引所

# 第4章

# 不動産証券化のシステム

## 1　不動産証券化の基本的構造

不動産証券化とは，不動産の証券化という特別の目的のために設立された法人等が，証券を発行して投資家から資金を集めて不動産に投資し，そこから得られる賃料収入等の収益を投資家に配分する仕組みであり，対象不動産の資産としての収益力に着目した投資形態である（図表１－４－１）。また，投資リスクが不動産のリスク及び金利のリスクに限定されるとともに，証券を発行して投資を募ることにより，投資単位の小口化が可能になる。

社団法人不動産証券化協会「不動産証券化ハンドブック2007－2008」によれば，以下のとおりになる。

流動性の低い資産をより流動性の高い資産に転換することを目的に，資産を保有する者が，特定の資産保有を目的とする別の主体（特別目的事業体＝Special Purpose Entity＝ＳＰＥ）を設立して，そこに当該資産を移転してその資産が生み出す将来のキャッシュフローを原資に資金調達を行う過程のことを「不動産の流動化」（広義の資産証券化）といい，次のものを基本要素としている。

① 証券化の対象となるキャッシュフローを生み出す資産（「原資産」）

② 当該資産が生み出すキャッシュフローに投資する投資家

③ 原資産と投資家をつなぐ導管体の役割を担う仕組みとしての特別目的事業体（ＳＰＥやＳＰＶ，器「ビークル」）

図表1－4－1　不動産証券化のしくみ

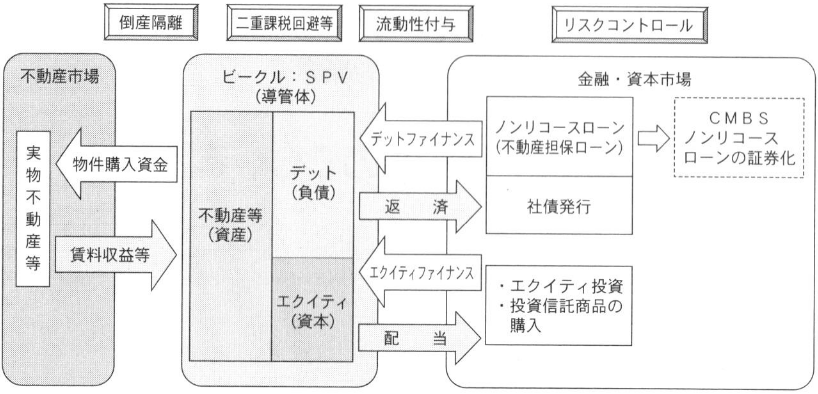


（注1）「実物不動産等」には不動産を信託受益権化した信託受益証券での取引が多く含まれる。

（注2）ＳＰＶ（Special Purpose Vehicle）とは，証券化を行うことを目的に組織される特別目的会社等の総称。

CMBS（Commercial Mortgaged Backed Securities）とは，商業用不動産モーゲージ担保証券。オフィスビルやショッピングセンターなどの不動産を担保として融資したノンリコースローンを裏付けとして発行される証券。住宅ローンの証券化商品がRMBSと呼ばれているように，「C」と「R」の頭文字で区別される。

ノンリコースローンとは，借り手が債務不履行を起こしローンの返済ができなくなった場合でも，融資金の返還請求権が担保とした財産だけにしか及ばないローン。

出所：国土交通省「平成20年版土地白書」

④　投資対象となる証券化商品

この広義の資産証券化のうち，証券化される資産が不動産あるいは不動産から派生する資産（不動産担保債権等）であるケースを対象とするものが，「不動産の証券化」である。すなわち，不動産の証券化は，金融機関や事業会社などの資産の所有者が，キャッシュフローを生み出す特定の資産を自身のバランスシートから切り離し，債務者との関係など対外的な関係を一部継続しながら倒産隔離や信用補完等の措置を施すことで当該資産に係るリスクを目的に適った形に加工し，有価証券等の流動性の高い投資商品を発行する過程である。

不動産証券化のスキームとしては，１）投資信託及び投資法人に関する法律に基づく不動産投資法人及び不動産投資信託（Ｊリート），２）不動産特定共同事業法に基づく不動産特定共同事業，３）資産の流動化に関する法律に基づく特定目的会社（ＴＭＫ），４）その他代表的なスキームとして合同会社を資産保有主体として，匿名組合出資等で資金調達を行うＧＫ－ＴＫスキーム（合同会社－匿名組合方式）がある。このうち，Ｊリートについては，東京証券取引所等に上場している場合，不動産投資証券を一般投資家も取引することができる。

さらに，資金調達において活用されるノンリコースローンと呼ばれる金融機関からの非遡及型借入は，CMBSとして機関投資家に販売されることがありリスク分散等を図ることができる。

## ２　不動産証券化における信用リスクの回避

不動産証券化を実施する場合には，投資家保護のために次のような基本的要件を具備することによって構造的に信用リスクの回避が図られている。

### (1)　倒 産 隔 離

#### ①　証券化対象不動産がオリジネーターの倒産手続から隔離されている場合

ａ　倒産隔離の効力

オリジネーターが倒産した場合であっても，オリジネーターの破産管財人や債権者は証券化した対象不動産を差し押さえることができない。

しかし，オリジネーターが，証券化対象不動産に対してサービサーの形で関与したり，一部信用補完を行ったりすれば，証券化対象不動産がオリジネーターの所有とみなされる危険性がある。すなわち，不動産証券化商品の元利払いは，オリジネーターの倒産手続の影響を受けることになり，このため，不動産から得られる収益を支払原資とした投資家への元利金支払が不可能となり，デフォルトが発生することになる。

b　真正売買の判断

証券化対象不動産の移転取引について，法律上の対抗要件の具備があるか，譲渡対価が適正であるか，会計上のオフバランスルールをクリアしているか等の要素を総合的に検討して法律上の「真正売買（True Sale）」であるかを判断する。

具体的には，当事者の意思（契約の動機など），不動産のリスク及び経済価値の移転の程度（売却価額の適正性，オリジネーターのリスク負担，オリジネーターによる買戻義務の有無など），支配の移転の程度（目的物の占有や管理の状況）等の観点から総合的に判断する。

**②　証券化対象不動産がＳＰＥの倒産手続から隔離されている場合**

不動産証券化におけるＳＰＥは不動産のみに投資を行って，その投資対象から得られる収益を投資家に分配することを目的として設立されている。そのため，ＳＰＥの倒産を回避する仕組み，事実上破綻したとしても倒産手続に移行させない仕組みをあらかじめ構築する必要がある。

a　倒産回避の措置

ＳＰＥが不動産の証券化という本来の目的以外の行為を行うことを禁止する。

＜資産流動化法の場合＞

・資産流動化計画に従って営む資産の流動化に係る業務及びその付帯業務のほか，他の業務を原則として営むことができない（資産流動化法第142条）。

・特定資産の管理・処分業務を行わせるため，これを信託会社等に信託しなければならない（同法第144条１項）。

・資産流動化計画に定められた場合を除き，特定資産を貸付，譲渡，交換，担保に供することができない（同法第152条）。

・原則として業務上の余裕金を運用することができない（同法第153条）。

b　倒産手続への移行を防止する措置

・資産流動化法においては，特定目的会社の取締役・監査役の欠格事由として，オリジネーター等の役員であることを規定し，オリジネーターとSPE

の利益相反関係が生じないようにしている（資産流動化法第66条）。

・ＳＰＥと投資家間で，債務者が倒産手続の申立を行わない旨の合意を行う。

・ＳＰＥと各契約相手方との間で，各契約相手方がＳＰＥの倒産申立を行わない旨の合意を行う。

・その他，一定の債権の引当を，債務者の財産のうち一定の財産に限定する内容の合意（「責任財産限定契約」）を交わす。

c　社員・株主の議決権が事実上機能しなくなるようなスキームの組成

・チャリタブル・トラスト（慈善信託）の活用

・資産流動化法の特定持分信託制度の活用

・中間法人法に基づく有限責任中間法人の活用

・証券化対象資産をオリジネーター（原資産保有者）の倒産の影響から法的に分離すること

・証券化対象資産を保有するビークル（資産流動化法上の特定目的会社，株式会社，合同会社等による特別目的会社等）自体の倒産リスクを極小化すること

### ⑵　二重課税の回避

株式会社や有限会社をビークルとして活用した場合に，法人税を控除したあとの利益が投資家に配当され，投資家からみて二重課税になることを回避するために証券化のための法律に基づくビークルでは，一定の導管性要件を満足すれば配当を損金算入できる制度になっている。

### ⑶　リスクコントロールのための信用補完

不動産証券化商品の組成において，その証券の信用力を補完し，投資家のニーズに適合した商品とするために様々な信用補完を行っている。例えば，対象資産からのキャッシュフローを利用する内部信用補完としては，「優先劣後構造」，「セラーリザーブ」などがあり，外部信用補完には「キャッシュ・コラテラル」，「第三者による保険・保証」などがある。

### (4)　流動性の付与

投資家の参加を得やすくするために，不動産証券化商品の設計段階で流動性付与を考え，発行や流通市場を整備している。

### (5)　投資家のための情報開示

投資家が投資判断できるだけの必要十分な情報が与えられること，ならびにできるだけの情報開示が継続的に行われることが必要であり，そのための措置がなされている。情報開示の一例として，不動産鑑定士が提示する鑑定評価書は，不動産証券化の財務基盤となる対象不動産の資産価値及び情報の把握に寄与している。

## 3　不動産証券化におけるデュー・ディリジェンス

不動産証券化において，「デュー・ディリジェンス」は，投資家あるいはこれに代わるプレーヤーが，対象不動産について「法的調査」「経済的調査」「物理的調査」等の詳細かつ多角的な調査を行い，これをもとに想定されるリスクをあらかじめ明らかにして，証券の裏付けとなっている不動産の投資適正価格を総合的に判断することを意味している。

さらに，不動産の証券化においては，そのストラクチャーにおいて裏付けとなる不動産をオリジネーターから分離することが重要となり，あらかじめ瑕疵を最小限にするためにデュー・ディリジェンスを行う必要がある。さらに，ＳＰＣ法に基づくＳＰＣが特定資産である不動産を売却する場合，ＳＰＣは当該不動産を売却後精算することが前提であり，売り主としての瑕疵を担保することができないので，不動産購入者の保護の観点からも詳細なデュー・ディリジェンスを行う必要がある。

デュー・ディリジェンスの主なものは，以下のとおりである。

⑴　不動産状況調査

①　土地状況調査

・所在・地番，地目，地積等調査

・隣地との境界調査

・埋蔵文化財，地下埋設物などの調査

・地質，地盤等の調査

②　建物状況調査

・建築および設備関係調査

・修繕，更新費用の算出

・建物耐震調査およびＰＭＬの判定

・諸状況調査

・再調達価格の算出

⑵　環境調査

①　アスベスト，ＰＣＢなどの建物有害物質含有調査

②　土壌・地下水などの汚染可能性調査

⑶　法的調査

①　権利関係

②　賃貸借契約関係調査

③　占有関係調査

④　売買契約書のチェック

⑷　経済的調査

＜マーケット調査＞

①　一般的要因の調査分析

②　不動産市場の詳細調査

③　地域要因分析

④　個別的要因分析

＜不動産経営調査＞

①　賃貸収入に関する調査

②　運営支出に関する調査

# 第5章 不動産証券化事業の根拠となる法律とスキーム

不動産証券化の事業に関する法律は，1993年6月制定の特定債権等に係る事業の規制に関する法律のほか，主なものは次のとおりである。

## 1　資産の流動化に関する法律による不動産証券化

### ①　資産流動化法

| | |
|---|---|
| 「特定目的会社による資産流動化に関する法律」（ＳＰＣ法） | 1998年9月施行 |
| 「資産の流動化に関する法律」（資産流動化法） | 2000年5月制定 |
| 〃 | 2000年11月施行 |
| 〃 | 2005年7月改定 |

### ②　資産流動化法の概要

特定資産を保有し証券を発行するビークルとして特定目的会社（ＴＭＫ）と特定目的信託がある。

◎　特定目的会社

オリジネーター（原資産保有者）が特定資産を特定目的会社に売却し，特定目的会社がその資産から得られるキャッシュフローや資産価値を裏付けとした資産対応証券を発行することにより，資金調達を図るしくみである。

◎　特定目的信託

オリジネーターが特定資産の管理・処分・収益の分配等を特定目的信託の信託会社に委託し，この信託契約に基づく信託受益権を分割し，受益証券を発行することにより，資金調達を図るしくみである。

**図表１－５－１　特定目的会社（ＴＭＫ）と特定目的信託（ＴＭＳ）のしくみ**

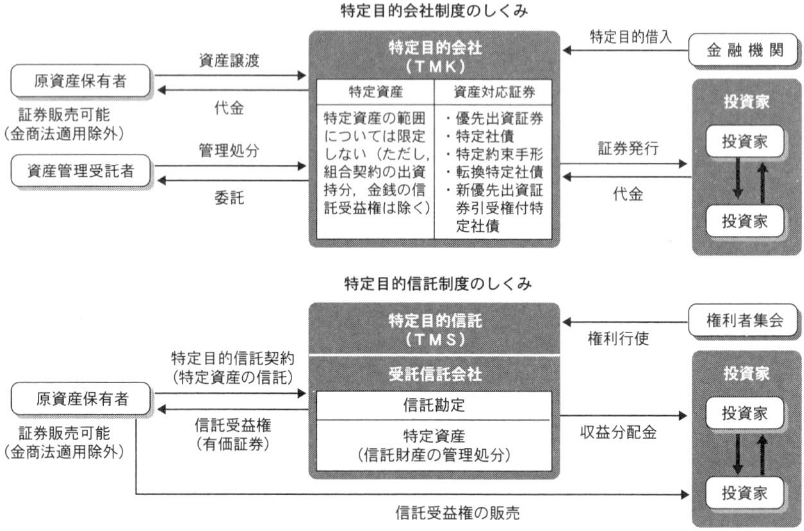


出所：ARES作成

**図表１－５－２　特定目的会社（ＴＭＫ）と特定目的信託（ＴＭＳ）の違い**

| | 特定目的会社（ＴＭＫ） | 特定目的信託（ＴＭＳ） |
|---|---|---|
| ＳＰＥ自身の倒産隔離 | 特定持分信託の活用が可能なほか，慈善信託，中間法人の活用も可能。 | 信託勘定の分別保管で対応。 |
| 流動性 | 特定社債・特定約束手形・優先出資証券の小口化及び金融商品取引法上の有価証券とすることができる。 | 受益証券の小口化及び金融商品取引法上の有価証券とすることが可能。 |
| 二重課税の回避 | 一定の配当・分配ルールを変更すれば，配当金・分配金の損金算入が可能（一定の投資信託には課税なし）。 | 同　左 |
| 事前規制 | 業務開始に先立ち，あらかじめ内閣総理大臣に業務開始届出をする必要がある。 | 特定目的信託契約締結に先立ち，あらかじめ内閣総理大臣に届出をする必要がある。 |

| | | | |
|---|---|---|---|
| 証券化資産の管理・処分 | | 信託会社等に信託する必要がある。 | 特定目的信託契約の一内容として信託会社に委託する。 |
| 必要的機関 | 意思決定機関 | 社員総会 | —— |
| | 業務執行機関 | 取締役 | —— |
| | 監査監督機関 | 監査役・会計監査人 | —— |

## 2　投資信託及び投資法人に関する法律による不動産証券化

### ①　「投資信託及び投資法人に関する法律」（以下，投信法という）

証券投資信託及び証券投資法人に関する法律（1951年制定）

2000年５月改正（2000年11月施行）

### ②　制　　度

投信法が定める制度には，投資信託制度（契約型投信）と投資法人制度（会社型投信）がある。

不動産投資信託（Ｊ－REIT）は，契約型・会社型にかかわらず，主たる投資対象が不動産である場合であり，取引所に上場しているものがある。

◎　投資信託制度

・委託者指図型投資信託

信託財産を委託者（投資信託委託業者）の指図に基づいて主として有価証券，不動産等の「特定資産」に対する投資として運用することを目的とする信託であり，その受益権を分割して複数の者に取得させることを目的とするものである。

・委託者非指図型投資信託

一個の信託約款に基づいて，受託者（信託会社等）が複数の委託者（投資家）との間に締結する信託契約により受け入れた金銭を，合同して委託者の指図に基づかず主として特定資産に対する投資として運用することを目

図表１－５－３

投資信託制度①（委託者指図型）

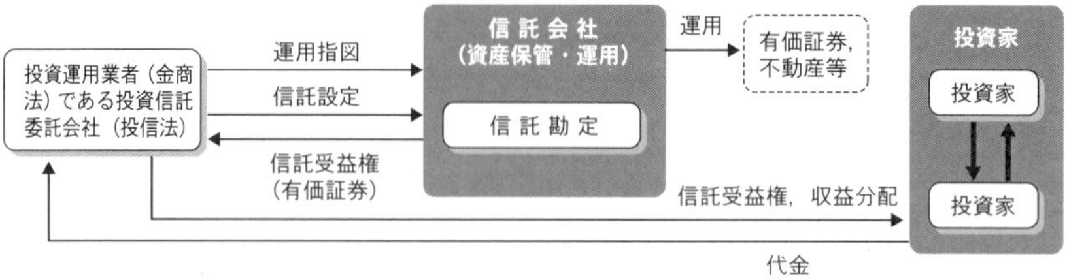


投資信託制度②（委託者非指図型）

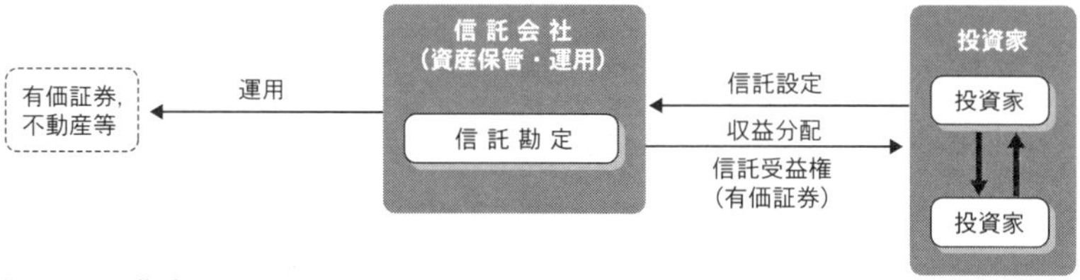


出所：ARES作成

的とする信託である。

◎　投資法人制度

投資者が，資産運用を目的として設立された社団である「投資法人」に出資した金銭を，投資法人から委託を受けた委託者が主として特定資産に対す

図表１－５－４

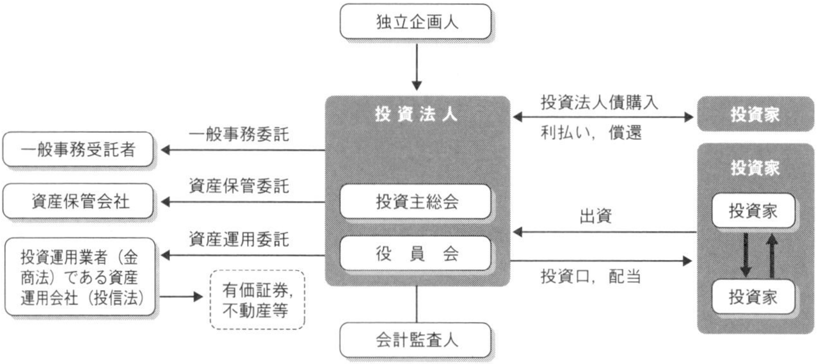


出所：ARES作成

**図表１－５－５　投資信託と投資法人の違い**

| | | 投資信託 | 投資法人 |
|---|---|---|---|
| ＳＰＥ自身の倒産隔離 | | 信託勘定の分別保管で対応。 | 特定の規定なし（導管性要件において，投資法人が同族会社に当たらないことの規定あり）。 |
| 流動性 | | 受益証券の小口化及び金融商品取引法上の有価証券とすることが可能。 | 投資口の小口化及び金融商品取引法上の有価証券とすることが可能。 |
| 二重課税の回避 | | 一定の配当・分配ルールを変更すれば，配当金・分配金の損金算入が可能（一定の投資信託には課税なし）。 | 同　左 |
| 事前規制 | | 投資信託契約締結に先立ち，あらかじめ内閣総理大臣に届出をする必要がある。 | ・投資法人設立に先立ち，あらかじめ内閣総理大臣に届出をする必要がある。<br>・投資法人成立後，資産運用の取引を開始するためには内閣総理大臣の登録を受ける必要がある。 |
| 証券化資産の管理・処分 | | ・指図型…投資信託委託業者に委託する。<br>・非指図型…投資信託契約の一内容として信託会社に委託する。 | 資産運用業務の認可を得た投資信託委託業者に委託する。 |
| 必要的機関 | 意思決定 | —— | 投資主総会 |
| | 業務執行機関 | —— | 執行役員 |
| | 監査監督機関 | —— | 監査役員・役員会 |

る投資として運用するしくみである。

## 3　不動産特定共同事業法による不動産証券化

### ①　不動産特定共同事業法

1994年6月制定　　　1995年4月施行

### ②　制　　度

当事者が出資等を行い，不動産会社等の専門家が不動産取引により運用し，収益の配当を行う契約を対象とし，そのような事業を規制することで投資家保護を図る構造となっている。

◎　任意組合型（1号商品）

投資家（事業参加者）がある不動産の共有持分を購入し，その持分を任意組合（各当事者が出資して共同の事業を営むことを契約することによって成立するものと民法で定義された組合）に現物出資し，不動産特定共同事業者(事業執行役員)が不動産を運用することで得た収益を投資家に分配する形態である。

図表1－5－6

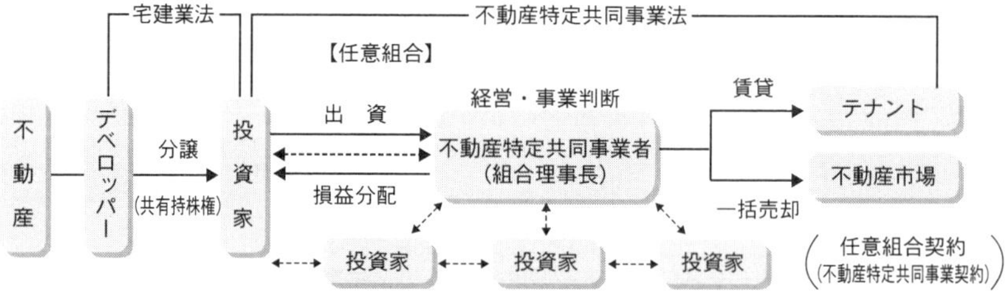


出所：『不動産特定共同事業法－その理論と実践』よりARES作成

◎　匿名組合型（2号商品）

投資家（事業参加者）が，匿名組合（当事者の一方が相手方の営業のために出資をして，その営業によって生じた利益を分配することを約束する契約を締結したことで成立するものと商法で定義された組合）に金銭出資を行い，その出資金により不動産特定共同事業者（営業者）が不動産を取得して，運用し得た収益を投資

**図表1－5－7**

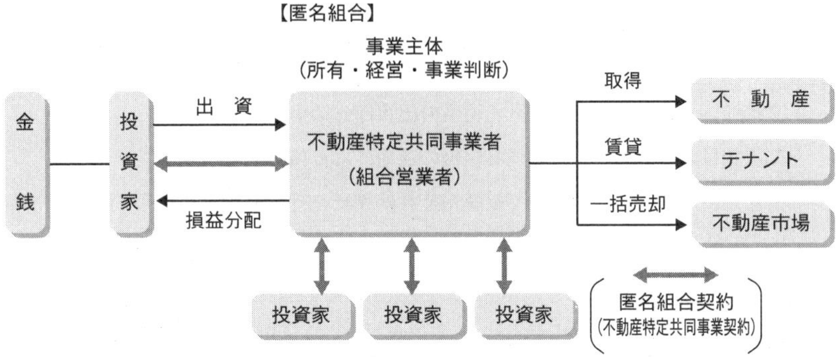


出所：『不動産特定共同事業法－その理論と実践』よりARES作成

家に分配する形態である。

◎　賃貸型（3号商品）

投資家が，共有持分を有する不動産を事業者に委任して不動産賃貸事業を行い，そこから得た収益を投資家に分配する形態である。

**図表1－5－8**

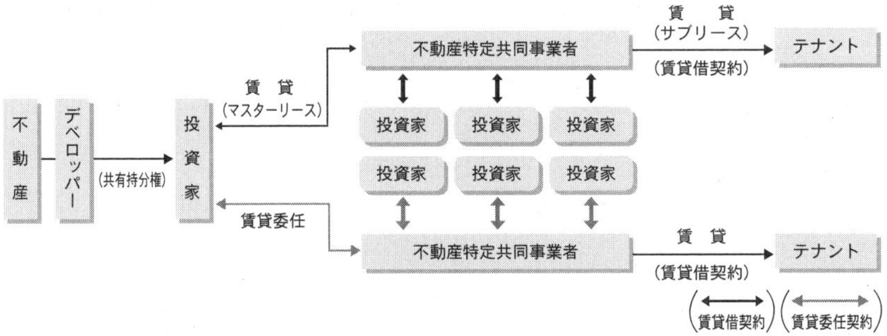


出所：『不動産特定共同事業法－その理論と実践』よりARES作成

図表１－５－９

| | | 匿 名 会 社 |
|---|---|---|
| ＳＰＥ自身の倒産隔離 | | 特段の規定なし。 |
| 流動性 | | 匿名組合の出資部分の小口化で対応。 |
| 二重課税の回避 | | 匿名組合の活用によって対応。 |
| 事前規制 | | 不動産特定共同事業を行う事業者は許可を得る必要がある。 |
| 証券化資産の管理・処分 | | 不動産特定共同事業者が行う。 |
| 必要的機関 | 意　思　決　定 | —— |
| | 業 務 執 行 機 関 | —— |
| | 監 査 監 督 機 関 | —— |

# 第 2 編

# 証券化の対象となる不動産の鑑定評価

不動産の証券化にとって，その基礎となる不動産の価格を適正に評価することは何より重要なことである。一般に，土地及び建物等の不動産の価格を適正に評価するものとして，わが国では不動産鑑定士による鑑定評価制度が確立している。

戦後の混乱が終息したころから土地（特に宅地）の価格が高騰し始め，昭和30年代中ごろには高度経済成長の波にも乗って更に高騰を続け，国民生活に様々な弊害を引き起こすことになった。政府としても，公共用地取得の困難などを契機として，宅地難への対処，宅地の流通の円滑化と宅地価格の安定を図ることが必要となり，適正・合理的な地価形成を図るべく，法による不動産鑑定評価制度を創設することになった。このため，昭和38年７月に「不動産の鑑定評価に関する法律」が制定され，不動産の鑑定評価を専門とする不動産鑑定士という資格を定めた。また，法律とは別に，不動産鑑定士が不動産の鑑定評価を行うに当たって拠り所となる基準として，昭和39年３月に「不動産鑑定評価基準」が設定された。その後，昭和40年３月に「宅地見込地の鑑定評価基準」，昭和41年４月に「賃料の鑑定評価基準」が設定されたが，昭和44年９月に，これら３つの鑑定評価基準を１つにまとめるとともに内容の充実を図った「不動産鑑定評価基準」が設定された。

それとは別に，昭和44年６月に，「地価公示法」が制定された。それは，不動産鑑定士による鑑定評価に基づく標準地の正常な価格を公示して一般の土地の取引価格に対して指導を与えるとともに，公共の利益となる事業の用に供する土地に対する適正な補償金の額の算定等に資し，もって適正な地価の形成に資することを目的としている。

昭和47～48年の地価高騰に対処するために昭和49年６月に「国土利用計画法」が制定され，昭和49年11月には，土地鑑定委員会の建議「国土利用計画法の施行に際し不動産の鑑定評価上特に留意すべき事項について」が出された。

昭和58年から始まった地価高騰を契機に，平成２年10月に不動産鑑定評価基準の改正（平成３年４月１日から施行）が行われた。この基準では，収益還元法を積極的に活用すべき旨が謳われていたが，実際には，収益還元法には価格を求めるための規範的な数値がなく，明確な実務上の手法が確立していない等の状況であったため，実務に直ちに定着するには至っていなかった。このため，平成３年から，収益還元法の手法について㈳日本不動産鑑定協会及び旧国土庁での再検討が始まり，平成６年９月９日に土地鑑定委員会から「収益還元法（新手法）について」として公表され，平成７年１月１日の価格時点での地価公示から適用されることになった。

その後，平成８年から９年にかけての金融危機の時期に，アメリカの企業が収益還元法的な考えをわが国の不動産市場に持ち込むに至って，平成10年以降，この考え方が実務上も定着し，不動産鑑定評価の実務全体の考え方も「保有価値」から「利用価値」へと変化した。平成11年１月13日の土地政策審議会においては，「収益重視の不動産鑑定評価制度の確立」の意見が出された。そして，不動産の証券化の進展等にみられるような多様化・高度化する鑑定評価ニーズや土地・建物一体の複合不動産を対象とする収益性を重視した鑑定評価に対応して，基本的な事項について統一を図り，不動産鑑定評価基準に明確に位置づけることが必要になった。そのため，平成14年７月３日に不動産鑑定評価基準等の改正（平成15年１月１日から施行）が行われた。

㈳日本不動産鑑定協会では，次のＤＣＦ法による収益価格を主体とする鑑定評価等についての留意事項を取りまとめ，不動産鑑定士である会員向けに研修を開催し，実務の普及を図ってきた。

・「特定目的会社による特定資産の流動化に関する法律（ＳＰＣ法）に係る不動産の鑑定評価上の留意事項について」（平成11年10月）
・「資産の流動化に関する法律（資産流動化法）に係る不動産の鑑定評価上の留意事項について」（平成12年11月）
・「投資信託及び投資法人に関する法律（投信法）に係る不動産の鑑定評価上の留意事項について」（平成12年11月）

一方，わが国の不動産証券化の進展はめざましく，その市場規模が大幅に拡大し，不動産取引市場全体においても証券化取引の占める割合が大きくなり，同時に証券化の対象となる不動産の種類は多様化し，対象地域も広がってきた。

これに対し，不動産鑑定評価は，不動産証券化取引のなかで，そのスキーム組成の基礎的条件の１つとして，他の専門家による役務とともに不動産投資市場の基盤を支えるものとして重要な役割を担うものとなっている。したがって，証券化対象となる不動産の鑑定評価が，鑑定評価依頼者だけでなく投資家等にも重大な影響を及ぼすことを十分に理解するとともに，不動産鑑定士は，不動産鑑定評価制度に対する社会的信頼性の確保等に重要な責任を有していることを認識して，鑑定評価を行うことが求められきた。加えて，証券化対象不動産の価格は，ＤＣＦ法によるキャッシュフローから導かれる収益価格を重視して評価を行うとともに，建物等のキャッシュフローに影響を与えるリスクについて様々なチュックが必要になってきた。そのために，他の専門家との連携や調査結果を活用していくことが求められている。

このような状況の変化に対し，証券化対象不動産に係る取引へのエンジニアリング・レポートの活用や証券化スキームの多様化に対応すること，また，依頼者に鑑定評価制度への理解を求め協力を得ること，さらに，依頼者から証券化関係者への情報開示による鑑定評価の概要の公開や，投資家への説明資料としての活用などを考慮して，鑑定評価書の十分な説明責任と比較性の向上，記述の一定部分の標準化等が重要視されるようになった。

このような点を踏まえ，平成19年３月に不動産鑑定評価基準の一部改正として，各論第３章「証券化対象不動産の価格に関する鑑定評価」及び不動産鑑定評価基準運用上の留意事項Ⅸ「各論第３章　証券化対象不動産の価格に関する鑑定評価について」が制定された（平成19年７月１日施行）。

さらに，社団法人日本不動産鑑定協会では，平成19年３月に「証券化対象不動産の価格に関する鑑定評価適用上の留意事項」及び「証券化対象不動産の価格に関する鑑定評価の実務指針（以下「実務指針」と称する）」を取りまとめている。したがって，これらを基に，証券化対象不動産の鑑定評価を論ずる。

# 第1章

# 不動産鑑定士の責任の重要性

証券化対象不動産の鑑定評価は，鑑定評価依頼者だけでなく，証券化関係者や投資家等にも重要な影響を与える。したがって，証券化対象不動産の鑑定評価に当たっては，不動産鑑定士の責任は，一般の不動産鑑定評価の場合以上に重いものである。

以下，一般の不動産鑑定評価の場合について，次に証券化対象不動産の鑑定評価の場合に特に留意する事項について，並びに国土交通省が平成20年３月27日制定（同年４月１日施行）した「不当な鑑定評価等及び違反行為に係る処分基準」について考察する。

さらに，今日論議の対象となってる「専門家の責任」についての論文，判例について言及する。

## 1　一般の不動産鑑定評価の場合における不動産鑑定士の責務

不動産鑑定士の責務が重要であることを，不動産鑑定評価基準は次のように述べている。

> 不動産鑑定士は，不動産の鑑定評価を担当する者として，十分に能力のある専門家としての地位を不動産の鑑定評価に関する法律によって認められ，付与されるものである。したがって，不動産鑑定士は，不動産の鑑定

評価の社会的公共的意義を理解しその責務を理解し，的確かつ誠実な鑑定評価活動の実践をもって，社会一般の信頼と期待に報いなければならない。

　そのためには，まず，不動産鑑定士等は，同法に規定されているとおり，良心に従い，誠実に不動産の鑑定評価を行い，専門職業家としての社会的信用を傷つけるような行為をしてはならないとともに，正当な理由がなくて，その職務上取り扱ったことについて知り得た秘密を他に漏らしてはならないことはいうまでもなく，

として，次に述べる事項を遵守して資質の向上に努めなければならないとしている。

⑴　高度な知識と豊富な経験と的確な判断力とが有機的に統一されて，初めて的確な鑑定評価が可能となるのであるから，不断の勉強と研鑽とによってこれを体得し，鑑定評価の進歩改善に努力すること。

⑵　依頼者に対して鑑定評価の結果を分かり易く誠実に説明を行い得るようにするとともに，社会一般に対して，実践活動をもって，不動産の鑑定評価及びその制度に関する理解を深めることにより，不動産の鑑定評価に対する信頼を高めるよう努めること。

⑶　不動産の鑑定評価に当たっては，自己又は関係人の利害の有無その他いかなる理由にかかわらず，公平妥当な態度を保持すること。

⑷　不動産の鑑定評価に当たっては，専門職業家としての注意を払わなければならないこと。

⑸　自己の能力の限度を超えていると思われる不動産の鑑定評価を引き受け，又は縁故若しくは特別の利害関係を有する場合等，公平な鑑定評価を害する恐れのあるときは，原則として不動産の鑑定評価を引き受けてはならないこと。

櫛田光男著の「不動産の鑑定評価に関する基本的考察」（住宅新報社）では，以下のとおり述べている。

「・鑑定評価は，必要にして十分な資料に基づいて，形式的には合理的に設定された手順をふみ（形式的要件），実質的にはこの手順の各段階における判断が適切である（実質的要件）とき，はじめて可能となる（鑑定評価の可能性）。

・このような形式的及び実質的要件を充たした鑑定評価は練達堪能な専門家によってのみ為し得られるものである（鑑定評価の専門性）。

・鑑定評価の主体は，われわれの社会の将来の歴史の決定について重要な役割を荷うものである（鑑定評価の主体の社会的公共的責任）。

・したがって，鑑定評価の主体に対して，その行動について厳格な倫理的要請がなされる（鑑定評価の主体に対する倫理的要請）。」

と述べ，「われわれの社会において必然である鑑定評価は，能力のある専門家がこれを行うときにはじめて可能となる，というのが，実践理論としての鑑定評価の理論の帰結であります。」としている。

つぎに，不動産鑑定士は，普通人にまさる十分高度な特別の能力をもつことが必要であるとして，「高度の知識と経験と判断力とが渾然とした有機的一体をなしてこそ，的確な鑑定評価が可能となるのであるから，普段の勉強と鍛錬とによってこれを体得し，もって鑑定評価の進歩改善に資すること」が必要であるとしている。また，不動産鑑定士は十分な能力を持っているだけでは不十分であり，これを誠実に行使しなければならないとしている。この「誠実に」intergrity ということは，「専門職業家としての注意を払って常に最善の仕事をするということ」がその一であり，「自己又は関係人の利害の有無その他いかなる理由にかかわらず公平妥当な態度を保持すること」がその二，「自己の能力の限度を超えていると思われるものはこれを引受けないこと」がその三，「縁故若しくは特別の利害関係を有する場合等，公正な鑑定評価を害するおそれのあるときは引受けないこと」がその四，ということができるとしている。

したがって，不動産鑑定士はその使命を自覚し，常に全能力を尽くして最善の仕事をなさねばならないのであり，その責任は，大別して次の三者になるとしている。
　第一は依頼者の信頼に応えるという依頼者に対する責任
　第二は社会一般の負託に応えるという社会一般に対する責任
　第三は鑑定評価という専門職業の職業を高めるという専門職業に対する責任
　そのうち，第三の専門職業に対する責任はともすれば看過され勝ちであるので，特に注意が必要であるとして，常に専門職業の代表者であり，チャンピオンであるという自覚，その一挙手一投足が専門職業の信用に直接につながるという自覚，この自覚に基づいた行動が要請されるのであるとしている。

◎　社団法人日本不動産鑑定協会　「倫理規定」及び「懲戒規定」参照

## 2　証券化対象不動産の鑑定評価の場合における留意事項

平成19年７月１日から施行の「不動産鑑定評価基準の一部改正」により，その第３章第１節Ⅱ「不動産鑑定士の責務」で，次のように定めている。

　不動産鑑定士は，証券化対象不動産の鑑定評価の依頼者（以下単に「依頼者」という。）のみならず広範な投資家等に重大な影響を及ぼすことを考慮するとともに，不動産鑑定評価制度に対する社会的信頼性の確保等について重要な責任を有していることを認識し，証券化対象不動産の鑑定評価の手順について常に最大限の配慮を行いつつ，鑑定評価を行わなければならない。

また，不動産鑑定士の説明責任を挙げている。これは，不動産の証券化に対する投資家等への情報開示に関連し，基礎となる不動産価格が適正になされていることの信用補完の役割を示すものとなっている。

> 不動産鑑定士は，証券化対象不動産の鑑定評価を行う場合にあっては，証券化対象不動産の証券化が円滑に行われるよう配慮しつつ，鑑定評価に係る資料及び手順等を依頼者に説明し，理解を深め，かつ，協力を得るものとする。また，証券化対象不動産の鑑定評価書については，依頼者及び証券化対象不動産に係る利害関係者その他の者がその内容を容易に把握・比較することができるようにするため，鑑定評価書の記載方法等を工夫し，及び鑑定評価に活用した資料等を明示することができるようにするなど説明責任が十分果たされるものとしなければならない。

さらに，複数の不動産鑑定評価における整合性について，係わる不動産鑑定士の注意義務を述べている。これは，不動産の証券化は，複数の不動産が対象となっているのが一般であるので，時期的地域的個別的に差異があったとしても，同じ目線で鑑定評価することを要請されているものと考える。

> 証券化対象不動産の鑑定評価を複数の不動産鑑定士が共同して行う場合にあっては，それぞれの不動産鑑定士の役割を明確にした上で，常に鑑定評価業務全体の情報を共有するなど密接かつ十分な連携の下，すべての不動産鑑定士が一体となって鑑定評価の業務を遂行しなければならない。

## 3　国土交通省土地・水資源局平成20年３月27日制定（同年４月１日施行）の「不当な鑑定評価等及び違反行為に係る処分基準」

不動産鑑定士の責務を超えた，不動産鑑定評価の不当・違法行為について，国土交通省の処分基準が定められ，鑑定評価の手順等の不当性の程度について判定項目を掲げ，特に証券化対象不動産の価格に関する鑑定評価について項目（アンダーライン部分）を設けている。

⑴　鑑定評価の基本的事項の確定

①　不動産の鑑定評価の依頼目的及び条件を明確にしているか。想定上の条件については，安全性，合法性，関係当事者及び第三者の利害を害するおそれがないか等の観点から妥当なものであるか。

②　不動産の鑑定評価の対象となる土地又は建物等を物的に確定しているか。また，鑑定評価の対象となる所有権及び所有権以外の権利を確定しているか。

③　鑑定評価の価格時点の確定は適切であるか。

④　依頼目的及び条件に即して価格又は賃料の種類を適切に判断しているか。

⑵　処理計画の策定

確定された鑑定評価の基本的事項に基づき，処理計画を秩序的に策定しているか。

⑶　対象不動産の確認

①　対象不動産の物的確認を適切に行っているか。

②　権利の態様の確認を適切に行っているか。

⑷　資料の収集及び整理

確認資料，要因資料及び事例資料について，鑑定評価の作業に活用し得るように収集及び整理を行っているか。

⑸　資料の検討及び価格形成要因の分析

①　収集した資料について，対象不動産の種類並びに鑑定評価の依頼目的及び条件に即応し，価格形成要因の分析に適切なものか否かを検討しているか。

②　価格形成要因が及ぼす影響について適切に判定しているか。

③　地域分析にあたり，同一需給圏における市場の需給動向，市場参加者の属性や選択・判断，標準的使用等を適切に判定しているか。

④　一般的要因の分析，地域分析及び個別分析を通じて対象不動産の最

有効使用を適切に判定しているか。

⑤　専門職業家としての注意を尽くしても対象不動産の価格形成に重大な要因が明らかでない場合に，他の専門家が行った調査結果の活用等を行っているか。

⑥　依頼目的や依頼条件により制約がある場合で，想定上の条件を付す場合に，依頼者の同意を得ているか。また，条件設定に係る要件を満たしているか。

⑦　依頼目的や依頼条件により制約がある場合で，価格形成上の影響の程度を推定する場合に，依頼者の同意を得ているか。また，自己の調査分析能力の範囲内の客観的な推定となっているか。

⑹　鑑定評価の方式の適用

①　当該案件に即して適切に鑑定評価の方式を適用しているか。

②　各手法の適用に当たって必要とされる取引事例等を，豊富に秩序正しく収集し選択しているか。取引事例等は，鑑定評価基準等で示す要件を備えたものから選択されているか。

③　取引事例等について，必要な場合に，事情補正や時点修正を適切に行っているか。

④　原価法の適用にあたっては，再調達原価を求め減価修正を行う一連の手順が適切であるか。

⑤　取引事例比較法の適用にあたっては，事例の収集及び選択，事情補正及び時点修正，地域要因及び個別的要因の比較などの一連の手順が適切であるか。

⑥　収益還元法の適用にあたっては，純収益の算定，還元利回り及び割引率の算定などの一連の手順が適切であるか。

⑦　賃料を求める場合においては，賃料を求める場合の一般的留意事項を踏まえ，新規賃料，継続賃料の区分に応じて適切に手法を適用しているか。

⑺　試算価格又は試算賃料の調整

鑑定評価の手順の各段階について再吟味し，各試算価格又は試算賃料が有する説得力の違いを適切に反映しているか。

⑻　鑑定評価額の決定

地価公示法第２条第１項の公示区域において土地の正常価格を求めるときは，公示価格を基準としているか。

⑼　鑑定評価報告書の作成等

①　鑑定評価報告書が誤解の生ずる余地を与えず依頼者その他第三者に対して十分に説明し得るものとなっているか。

②　鑑定評価報告書の記載事項について，鑑定評価基準等で示す留意点を踏まえて記載されているか。

③　対象不動産等の所在を明示した地図，土地又は建物等の図面，写真等の確認資料，事例資料等が，必要に応じて鑑定評価報告書に添付されているか。

④　他の専門家が行った調査結果等を活用するために入手した資料について，必要に応じて，鑑定評価報告書に添付されているか。他の専門家の同意の有無について確認しているか。

⑽　不動産の種類別に応じた鑑定評価の手法等の活用

①　価格に関する鑑定評価について，土地，建物及びその敷地並びに建物の区分に応じ，鑑定評価基準等に示す手法等が適切に活用されているか。

②　賃料に関する鑑定評価について，宅地，建物及びその敷地の区分に応じ，鑑定価基準等に示す手法等が適切に活用されているか。

⑾　証券化対象不動産の価格に関する鑑定評価

①　処理計画の策定に当たり，あらかじめ，依頼者に対し，鑑定評価基準等に示す確認事項を確認しているか。

②　確認事項を反映した適切かつ合理的な処理計画を策定しているか。

③　確認事項に変更があった場合に，処理計画を変更しているか。

④　確認事項についての記録を作成し，鑑定評価報告書の付属資料として添付しているか。

⑤　鑑定評価の依頼目的及び依頼が必要となった背景並びに依頼者と証券化対象不動産との利害関係に関する事項を鑑定評価報告書に記載しているか。

⑥　鑑定評価のために必要な個別的要因の調査を適切に行っているか。

⑦　実地調査に関し，鑑定評価基準等に示す必要事項を鑑定評価報告書に記載しているか。

⑧　依頼者に対し，鑑定評価に際し必要なエンジニアリング・レポートの提出を求めているか。

⑨　エンジニアリング・レポートの内容を鑑定評価に活用するか否かの判断及び根拠について，鑑定評価報告書に記載しているか。

⑩　活用したエンジニアリング・レポートの内容を適切に分析・判断しているか。

⑪　エンジニアリング・レポートの提出がない場合等に，独自に調査するなどの対応をし，その内容及びその対応が適切と判断した理由について，鑑定評価報告書に記載しているか。

⑫　収益価格を求めるに当たり，ＤＣＦ法を適用し，直接還元法で検証を行っているか。

⑬　ＤＣＦ法の適用に活用した資料について，妥当性や判断の根拠等を鑑定評価報告書に記載しているか。

⑭　ＤＣＦ法により求める収益価格について，査定した個々の項目等に関する説明及び査定した個々の項目等を採用して収益価格を求める過程及び理由を，経済事情の変動可能性及び具体的に検証した事例等を明確にしつつ，鑑定評価報告書に記載しているか。

⑮　ＤＣＦ法で査定した収益価格と原価法及び取引事例比較法等で求め

た試算価格との関連について明確にしつつ，鑑定評価額に決定した理由について鑑定評価報告書に記載しているか。
⑯　ＤＣＦ法の適用に当たり，鑑定評価基準等で示す収益費用項目に区分して鑑定評価報告書に記載しているか。
⑰　ＤＣＦ法の収益費用項目及びその定義について依頼者に提示・説明した上で必要な資料を入手し，当該定義に該当していることを確認しているか。

## 4　「専門家の責任」としての不動産鑑定士の責任

### (1)　萩原秀紀論文「不動産鑑定士の責任」（新・裁判実務大系専門家責任訴訟法215頁以下，青林書院）

不動産鑑定評価基準と不動産鑑定士の責任について，次のように述べている。

鑑定評価基準に準拠しない鑑定評価を行ったとしても，（不動産鑑定評価基準に法的拘束力はないため）それにより直ちに不動産鑑定士の損害賠償責任が発生するということはないが，逆に，これに準拠して適正に鑑定評価を行った以上，当該不動産鑑定士に損害賠償責任を認めることはできないと解すべきである。そのような意味では不動産鑑定評価基準は，不動産鑑定士の免責を認める一つの目安になっているということができる。

不動産鑑定士の依頼者又は第三者に対する責任の有無・範囲については，今まで問題とされなかった理由として，次の二点をあげている。

一つには，不動産鑑定というのは，一定の事実があれば一定の結果が当然得られるような性質のものではなく，一定の事実が存在していても，複数の結論が出ることがあり得るという不動産の特殊性が考えられる。
さらには，不動産鑑定士の鑑定評価の誤りによって，依頼者又は第三者にどのような損害が生じるか，損害が生じたとして，不動産鑑定士の過誤との間の因果関係はどのような場合に認められるのかが明らかではない点が考えられる。

しかし，「国民の権利意識が高まるとともに，不動産鑑定士の鑑定評価の誤りが積極的に問題にされ，訴訟に発展することは十分に考えられる。したがって，どのような場合に，不動産鑑定士が依頼者又は第三者に責任を負うことになるかを検討しておく必要がある。」とし，依頼者に対する不動産鑑定士の責任の根拠について，次のように述べている。

　不動産鑑定士と依頼者との関係は，法律的には準委任（民656条）と考えるべきであり，不動産鑑定士は，依頼者に対し，委任の本旨に従い善良なる管理者の注意をもって委任事務を処理する義務を負うことになるから（民644条），不動産鑑定士が誤った鑑定を行い，それにより依頼者に損害を生じさせたという場合には，準委任契約の不完全履行に当たり，したがって，債務不履行責任（民415条）を負うことになる。また，不法行為責任（民709条）についても認めることができる。

　さらに，不動産鑑定士が鑑定を行うに際し，補助者等を使用し，その者の過失による鑑定を誤った場合，不動産鑑定士は履行補助者の過失として債務不履行責任を，また被用者の不法行為として使用責任（民715条）を負う。

　しかし，第三者との関係においては，不動産鑑定士の鑑定評価に誤りがあったとしても，一般的には違法性はないと解する。これに対し，不動産鑑定士が鑑定を依頼された場合，その依頼の目的によっては，鑑定評価の誤りが依頼者以外の第三者に損害を与えることが予想できる場合（例えば，賃料の鑑定評価における依頼者である賃貸人の相手方の賃借人，売買・交換・抵当権の設定・遺産分割等の依頼者の相手方。）であれば，不動産鑑定士の鑑定評価の誤りは，第三者に対する関係で違法性があると認めてもよいであろう。

不動産鑑定士が負う責任の程度は，不動産鑑定依頼の経緯，依頼の目的，提供された資料，説明を受けた事情等諸般の事情を考慮し，不動産鑑定士に要求される一般的水準に照らし，個別具体的に決定されることになる。そこで，不動産鑑定士の損害賠償責任の有無・程度を判断するには，不動産鑑定評価の過程のどこにどのような誤りがあるかを把握しておくことが肝要である，として，次のような個別具体的な場合を検討している。

ア　対象不動産の内容の確定の誤り
イ　価格形成要因の把握・分析等の誤り
ウ　最有効使用の判定の誤り
エ　鑑定評価方式の適用の誤り

### ⑵　「大和都市管財事件」の判例

岡山県大原ゴルフ場と栃木県那須ゴルフ場に関する抵当証券の発行に関連して不動産鑑定士の不法行為責任を認め損害賠償を命じた大和都市管財事件東京地裁判決（平成17年１月31日　判例時報1888号94頁）に対し，那須ゴルフ場部分に関する東京高裁判決（平成18年７月19日　判例時報1945号22頁）は，不動産鑑定士の不法行為責任を否定した。

控訴審の東京高裁判決では，一審の東京地裁判決と同様，不動産鑑定士は，通常は鑑定の委託者に対してだけ注意義務を負うものであって，一般的に第三者に対して注意義務を負うものではないが，抵当証券発行のための担保十分性証書としての不動産鑑定評価においては委託者以外の抵当証券購入者に対しても注意義務を負うと判断した。

不動産鑑定士は，不動産鑑定評価を行う（不動産の鑑定評価に関する法律３条１項）唯一の専門家であり，良心に従い，誠実に不動産鑑定評価を行う義務を負う（同法５条１項）のであるが，このような誠実義務ないし注意義務は，不動産鑑定業が私的な事業にすぎないことからすれば，本来，当該鑑定業務を委託者に対して負うべきものであって，当該鑑定業務の委託関係から離れて，一般的に第三者に対して負うものと考えるのは困難である。
　しかし，抵当証券発行のため作成される担保十分性証書は，担保価値が不十分な物件について抵当証券が発行されることを防止するために，抵当証券交付申請書に添付され，モーゲージ購入者等の利害関係者の閲覧に供される（抵当証券法施行細則10条）ことによって，不特定多数のモーゲージ購入者等の損害を防止すべき役割を担っているものであるから，これを作成する不動産鑑定士は，モーゲージ購入者等の利害関係人が当該抵当証券の基礎となる抵当権の担保価値が不足することによって損害を被ることのないように配慮し，専門家としての裁量の範囲内で客観的な担保価値を鑑定評価すべき注意義務を負うべきものということができる。
　したがって，不動産鑑定士が，故意又は過失により，専門家としての裁量の範囲を逸脱して，客観性に欠ける担保価値を鑑定評価した場合は，鑑定評価の委託者に対してはもちろんであるが，それ以外にも，これにより損害を被った上記利害関係人らに対しても，不法行為損害賠償責任を負うべきものと解するのが相当である。

　一審判決は，本件鑑定評価においては供給者側の都合により算出された原価法による試算価格が需要者側をも納得させることができることの論拠が示されておらず，鑑定評価額が市場では通用しない価格であることも不動産鑑定士に容易に判明したとして，注意義務違反を認めた。これに対して，控訴審判決は，平成２年10月制定の不動産鑑定評価基準及び社団法人日本不動産鑑定協会の「抵当証券交付申請書添付鑑定評価書に係る不動産鑑定評価上の留意点について」（平成６年11月18日付け第６次留意点）を根拠にし，当時の鑑定評価実務の事情も考慮して，原価法のみに依拠することもこれらの基準等から外れるものではないとして，不動産鑑定士に裁量権の逸脱はないと判断した。その上で，ゴルフ場の抵当証券の担保としての不適格性の有無（鑑定評価依頼謝絶義務違反の成否）については，否定し，収益還元法を参酌すべき義務違反はないと判断した。

# 第2章 証券化対象不動産の鑑定評価が必要な理由及びその特質

## 1　証券化対象不動産の鑑定評価が必要な理由

証券化対象不動産の鑑定評価は，不動産証券化における財務基盤の確保（対象不動産のキャッシュフローと元本価格による資産価値の把握）および情報開示（鑑定評価書の提供）に寄与するために求められるものである。

すなわち，不動産の証券化における対象不動産の鑑定評価は，まず，不動産証券化事業の法的要請及び実務要請の求めに応じるものであるが，それにとどまらず，不動産証券の投資家を保護する観点からの求めに応じるものである。

### (1)　不動産の証券化における鑑定評価の目的

① 対象不動産からどの程度のキャッシュフローが期待できるかの観点から求められる鑑定評価額及び，その判断資料，判断過程は投資家の投資判断の重要な指標となる。

② 不動産の鑑定評価額は，運用者や投資対象不動産の拠出者の意思決定に当たっての重要な指標として活用される。

③ 利益相反取引において，適正な取引価格であることの参考資料として不動産の鑑定評価が利用される。

④ 発行証券の基準価格の算定に当たり，特に上場されていないものに

ついて，対象となる不動産の鑑定評価額が参考とされる。

⑤　発行される投資法人債や特定社債等のデットファイナンスについて格付機関による格付けがなされる場合に，不動産の鑑定評価書の記載事項が重要な参考資料とされる。

⑥　上場される証券について，金融商品取引法上の有価証券届書の記載事項とされている。私募のときは，引受価格の決定における参考資料とされる。

⑦　運用期間中の各決算期に対象不動産の評価額に関する情報開示を行う場合に，鑑定評価が利用される。

### ⑵　不動産の証券化において鑑定評価が必要とされる局面

証券化対象不動産の運用者等は，一般的に以下の局面で鑑定評価を必要とする。

| | |
|---|---|
| 証券化対象不動産の取得時 | 不動産証券化のための鑑定評価 |
| 証券化対象不動産の保有時 | 証券化対象不動産の保有時の資産評価のための鑑定評価 |
| 証券化対象不動産の譲渡時 | 証券化対象不動産の売却のための鑑定評価 |

具体的局面としては，次の場合が考えられる。

①　投資信託及び投資法人に関する法律に基づき，対象不動産の取得時（譲渡時）に行う価格調査の前提として鑑定評価が必要となったため

②　投資信託及び投資法人に関する法律に基づき，運用期間中の各決算期における対象不動産の適正な価格に関する情報開示として，運用者等が作成する運用報告書等に不動産の鑑定評価額を記載するため

③　資産の流動化に関する法律に基づき，対象不動産の取得時に行う価格調査の前提として鑑定評価が必要となったため

④　合同会社○○○（特別目的会社）が不動産証券化を目的に不動産を取得

する際に不動産の価値を把握するため
⑤　株式会社○○銀行が合同会社○○○（特別目的会社）に対してノンリコースローンを行う場合に，不動産の担保価値を把握するため
⑥　発行される証券についての公募が行われるとき，有価証券届出書に，投資状況等として投資不動産の価格を記載する場合
⑦　上場されていない証券の買取等を行う場合の買取価格等の算定に当たり，対象不動産の鑑定評価額が参考とされる場合

## 2　証券化対象不動産の鑑定評価に特質する事項

証券化目的の不動産の鑑定評価であっても，不動産の売買，担保，補償，争訟等の依頼目的で鑑定評価を行う一般の場合と比べて，特段の差異はない。そのため，平成19年７月の不動産鑑定評価基準の一部改正では，各論に，第３章として１章を加えているが，鑑定評価の方針としては，基準の総論を基本的に踏襲している。

「第３章　証券化対象不動産の価格に関する鑑定評価」の大項目は次のとおりである。

第１節　証券化対象不動産の鑑定評価の基本的姿勢
　Ⅰ　証券化対象不動産の範囲
　Ⅱ　不動産鑑定士の責務
第２節　処理計画の策定
　Ⅰ　処理計画の策定に当たっての確認事項
　Ⅱ　確認事項の記録
　Ⅲ　鑑定評価の依頼目的及び依頼者の証券化関係者との関係
第３節　証券化対象不動産の個別的要因の調査等
　Ⅰ　対象不動産の個別的要因の調査等

したがって，証券化対象不動産の鑑定評価の主な特質として，次のようなことを挙げることができる。

⑴　法的要請に基づき依頼目的が特定されているので，依頼者や証券化関係者との関係を明確にし，鑑定評価報告書にも記載することが求められていること。

⑵　現況評価が原則で，想定条件を付すことはできないこと。

⑶　対象不動産の属性について，エンジニアリングレポートを充分活用するなどして，綿密な調査を必要とし，鑑定評価報告書にも調査日時，調査方法，調査結果の判定等を記載すること。

⑷　鑑定評価では，ＤＣＦ法による収益価格が中心となり，キャッシュフローの査定，収入項目や支出項目の判定根拠，還元利回りや割引率の採用等が適正に行われていること。

⑸　不動産鑑定士に対して，より一層の説明責任が課されていること。

⑹　鑑定評価書に対する金融庁等のチェックが入るなどして，不動産鑑定士の責任が重くなっていること。

# 第3章

# 証券化の対象となる不動産の適格性

## 1　証券化対象不動産の種類

不動産の証券化においては，どんな不動産でも対象となるわけではない。そこで，どの不動産が証券化の対象となるかを探すこと，いわゆる**ソーシング**（物件調達・物件情報の収集・物件探索等）が必要になる。

ソーシングの対象となるのは，まず，収益を生み出す収益不動産である。不動産自体の収益性に着目した主なものとして，「法人テナントの賃貸料が期待できるオフィスビル」，「個人テナントからの賃貸料が期待できる賃貸マンション」，「小売業テナントからの賃貸料が期待できる商業施設」，「物流業者からの賃貸料が期待できる物流施設」などが挙げられる。

また，どの事業者がその不動産の運営を行っているかが重要な**オペレーション型不動産（オペレーショナルアセット）**の主なものとして，「シティホテルやリゾートホテル」，「介護付き有料マンション等の高齢者施設・病院」などが挙げられる。

| 証券化の対象となる不動産の例 |
| --- |
| オフィスビル，賃貸マンション，ショッピングセンター・商業店舗ビル，物流施設・倉庫，ビジネスホテル・シティーホテル・リゾートホテル，介護付優良老人ホーム・病院等 |

### (1)　オフィスビル

賃貸用オフィスビルには，複数のテナントが入居している**マルチテナントビル**と単独のテナントが入居している**シングルテナントビル**がある。

オフィスビルは，一般にＡクラス，Ｂクラスなどのグレード分けがなされる。**Ａクラスビル**とは，近新大（立地がよく，築年が浅く，規模が大きい）に加え，設備や仕様も最新鋭といった特徴をもつ優良ビルのことで，Ｂ，Ｃクラスは中小規模や設備が旧式等のオフィスビルである。

オフィスビルの特徴としては，法人が主なテナントであることから，その収益が企業業績や景気に非常に左右されやすいということが挙げられる。不景気時には，まず，経費削減による賃料減額要望や拠点のスリム化による退去により，テナントからの賃料が減少する傾向がある。一方，好景気時には，新規拠点確保のために賃借面積を増やすなど需要が増え，賃料水準も上がっていく傾向がある。昨今の景気回復時には，オフィスビルの賃料が上昇傾向にあった（契約更新時や新規テナント入居時に従前よりも高い賃料で賃貸借契約が締結できた）。

| | |
|---|---|
| 収　入 | ・テナントから収受する「賃料」「敷金」「保証金」<br>・エレベーターやエントランスなどの共用部分を各テナントが利用することの対価として収受する「共益費や管理費」<br>・駐車場を賃貸することによる「駐車場使用料」<br>・建物の外壁や屋上に看板を掲示させることによる「看板使用料」<br>・契約更新の際の一時金としての「更新料」 |
| 支　出 | ・建物を維持するための，保守点検費用，警備費用，清掃費用等が含まれる「建物管理費用」<br>・プロパティマネジメント業者に不動産全体の管理運営を任せている場合の「ＰＭ費用」<br>・不動産，設備等の保有税としての「固定資産税・都市計画税」<br>・建物に係る「修繕費用（資本的支出を除く）」<br>・建物に付保されている「保険料（火災保険や損害保険）」や「水光熱費用」 |

## ⑵　住宅（レジデンシャル／レジデンス）

投資対象となる住宅は，個人の居住用に使用されることを目的とした建物で，主に個人テナントに賃貸することで収益が見込まれる不動産であり，テナント層に応じて様々なタイプがある。例えば一般の賃貸マンションは，高級賃貸，外国人賃貸，ワンルーム型，ファミリー型，ディンクス（DINKS。子供のいない共働き夫婦向き）型などがある。また，サービスアパートメント（欧米でよく見られる家具や受付サービスなどが付いた高級マンションで，外国人や単身赴任者等の利用が多い）やSOHO（オフィス兼用住居），さらにシニア物件（老人ホーム等の高齢者施設）などがある。

賃貸マンションの特徴としては，主なテナントが個人で，居住目的で使用されることから，景気の動向にかかわらず非常に収入が安定していることが挙げられる。したがって，景気悪化時などにも収益はあまり下がらないが，好況時に，オフィスビルほど賃料アップ等の恩恵を被ることができないという傾向がある。

| | |
|---|---|
| 収　　入 | ・居住者（テナント）からの「賃料」<br>・新規契約の際の「敷金」「礼金」「敷引」（敷金として預かる金額のうち，借主の債務の有無に関わらず，一定割合を差し引いてテナントに返還すること。大阪圏で一般的に見られる）<br>・共用部分の利用や管理コストに対する対価としての「共益費」<br>・駐車場を賃貸することによる「駐車場使用料」<br>・屋上等に看板を設置させることによる「看板使用料」<br>・マンション内にトランクルームや自転車・バイク置き場などを設けている場合の「賃貸料」<br>・契約更新の際に収受する一時金としての「更新料」 |
| 支　　出 | ・建物や設備（エレベーター等）を維持するための「建物管理費用」<br>・プロパティマネジメント業者に不動産全体の管理運営を任せている場合に支払う「ＰＭ費用」<br>・不動産，設備等の保有税としての「固定資産税・都市計画税」<br>・建物の「修繕費用（資本的支出は除く）」<br>・建物に付保されている「保険料（火災保険や損害保険）」や「水光熱費用」 |

### (3)　商業施設（リテール）

投資対象となる商業施設は，商業施設の用に使用されることを目的とした建物で，主に小売業等の企業に賃貸することで収益が見込まれる不動産であり，大きく分けて郊外型大型商業施設と都心型商業施設の２つのタイプがある。

#### ①　郊外型大型商業施設

代表的なものとしては「ショッピングセンター」が挙げられる。「家電量販店やホームセンター等の複合施設」「シネマコンプレックスなどの娯楽施設や複数の専門小売店舗が併設されているモール（mall）」「アウトレットモール」などもこのタイプに含まれる。

郊外型大型商業施設の特徴としては，まず，核となるテナントとの賃貸借期間が長期（５年～20年）であるということが挙げられる。２年間が一般的であるオフィスビルや住宅と比較すると安定的にキャッシュフローを期待できる。しかし，長期間ゆえにテナントの信用力（クレジット）が重要となる。テナントが，対象不動産で十分に集客して賃料を支払うに足る売上を上げる運営能力があるかどうか，また，賃貸借期間中，企業として十分に存続していけるか（財務体質の安定性）等を見極める必要がある。

さらに，複合店舗の集合体であるモールなどでは，その運営者（オペレーター）の運営能力（テナントの選定，テナントの入れ替え等）が重要となるため，オペレーショナルアセットとしての性格も有することとなる。

このほか，多額の保証金がある。既存の郊外型大型商業施設では，テナントがオーナーに**建設協力金**という名目で，低利もしくは無利子の建設資金提供を行っているケースがしばしば見られる。この保証金は，資金調達の一部として活用できる一方，有利子返済が必要な場合にはコストアップとなるので，内容について把握しておく必要がある。

また，売上高等に応じた変動賃料を採用しているケースもある。

#### ②　都心型商業施設

首都圏や大都市の駅前に所在する商業ビルで，「飲食，アパレル等複数の店舗による複合店舗ビル」，「高級ブランドや専門店による単独店舗ビル」のタイプがある。

都心型商業施設の特徴としては，変動賃料の採用が多いことが挙げられる。完全に売上に連動するケース，一部を固定として残りを売上歩合とするケース等様々な形態があり，テナントの売上次第に収入が変動するため，テナントの集客力等を見極める必要がある。また，テナントとの契約期間はオフィスビルに比べて長期間であるケースが多い。

## 2　証券化対象不動産の投資適格性

証券化対象不動産は，運用者の運用資産全体の運用方針により個々の不動産の投資適格性が判断され，選択される。

証券化対象不動産の投資適格性の要件は，まず担保適格性と共通する。次のアからウの３つの基本的な原則が考えられる。さらに，担保評価では元本の回収可能性が重視されるが，投資適格性の判断に当たっては元本の回収だけでなく，投資に対する収益（インカムゲイン及びキャピタルゲイン（開発利益を含む））が確保できるかが重要である。

なお，証券化対象不動産は，それぞれの運用資産全体の運用方針に基づき，あるいは他の不動産等との組み合わせによるリスク分析等により，ハイリスクのものも含まれる。

ア　**安全性**：投資期間は数年又はそれ以上の長期に及ぶことが多いので，対象不動産は，所有権等の権原に関し，あるいは維持・管理面からみて長期的な安全性を有するものでなければならない。

イ　**流動性**：特定資産としての不動産は，換価処分可能なものでなければならず，また，担保不動産は，担保期間中いつまでも換価処分が容易にできる可能性を持ったものでなければならない。

ウ　**確実性**：対象不動産は，将来長期にわたって価格や収益が確実性を持ったものでなければならない。

# 第4章

# エンジニアリング・レポートの役割

## 1　デュー・ディリジェンス（DD）における エンジニアリング・レポート（ER）

1990年代後半に始まった不動産の証券化に伴い，証券化不動産取引の実務慣行として，投資家が投資判断を行うための必要となる事項に関する詳細な調査「**デュー・ディリジェンス（DD。不動産適正評価手続き）**」が普及した。すなわち，不動産に関する法律，経営，建築及び環境等に関連して，通常は，①法的調査，②経済的調査，③物理的調査の３つに区分される。その中で，「**エンジニアリング・レポート（ＥＲ）**」は，建築物・設備等及び環境に関する専門的知識を有する者が行った不動産の物理的状況に関する報告書である。

したがって，不動産証券化のデュー・ディリジェンスにおいては，証券化不動産取引の実務慣行として，投資家・レンダー等の証券化関係者のために，複合不動産の物理的調査を行うに当たり，ＢＥＬＣＡ（Building and Equipment Life Cycle Association；社団法人建築・設備維持保全推進協会）のＥＲガイダンスによる次の４つの報告書（ＥＲ）を必要としている。

⑴　建物状況調査報告書

⑵　建物環境リスク評価報告書（フェーズⅠ；現地調査・資料収集分析・ヒアリングを通して，建物に関わる有害物質・環境リスクの存在につながる可能性のある事項を抽出する調査）

⑶　土壌汚染リスク評価報告書（フェーズⅠ；現地調査・資料収集分析・ヒアリングを通して，土壌汚染の存在につながる可能性のある事項を抽出する調査）

⑷　地震リスク評価報告書

## 2　証券化対象不動産の鑑定評価におけるエンジニアリング・レポート（ＥＲ）

証券化対象不動産の鑑定評価においては，公法上及び私法の規制，制約（法令遵守状況調査を含む），修繕計画，再調達価格，有害な調査（アスベスト等）に係る建物環境，土壌汚染，地震リスク，耐震性，地下埋設物等の専門性が高い個別的要因に関する調査が求められ，これらの調査には原則としてＥＲを必要とする。

したがって，証券化対象不動産の鑑定評価においては，デュー・ディリジェンスの「エンジニアリング・レポート」が原則として必要な資料とされている。さらに，追加的に次の専門的調査が必要な場合があるとしている。

⑸　建物環境リスク評価報告書（フェーズⅡ；試料採取と化学的分析を通して，建物に関わる有害物質・環境リスクの有無確認を行う調査），（フェーズⅢ；フェーズⅠ・Ⅱ以降に実施される，建物に関わる有害物質・環境リスクの数量・原因の特定・対策の設計及び費用算定を行うための調査で，場合によっては対策の実施までを含む）

⑹　土壌汚染リスク評価報告書（フェーズⅡ；試料採取と化学的分析を通して，汚染物質の有無確認を行う調査），（フェーズⅢ；フェーズⅠ・Ⅱ以降に実施される，汚染範囲の特定・対策の設計及び費用算定を行うための調査で，場合によっては対策の実施までを含む）

⑺　耐震性調査

⑻　地下埋設物調査

| 調査内容 | 項　　目 | ＢＥＬＣＡ | 不動産鑑定評価基準 |
|---|---|---|---|
| 建物状況調査 | 立地概要調査 | ○ | ○ |
| | 建物概要調査 | ○ | ○ |
| | 設備概要調査 | ○ | ○ |
| | 構造概要調査 | ○ | ○ |
| | 公法上及び私法上の規制，制約等（法令遵守状況調査を含む） | ○ | ○ |
| | 更新・改修履歴とその計画の調査 | ○ | ○ |
| | 緊急修繕更新費 | ○ | ○ |
| | 短期修繕更新費 | ○ | ○ |
| | 長期修繕更新費 | ○ | ○ |
| | 再調達価格 | ○ | ○ |
| 建物環境リスク評価 | アスベスト（フェーズⅠ） | ○ | ○ |
| | アスベスト（フェーズⅡ等） | | ○ |
| | ＰＣＢ | ○ | ○ |
| | その他の項目 | ○ | ○ |
| 土壌汚染リスク評価 | 土壌調査（フェーズⅠ） | ○ | ○ |
| | 土壌調査（フェーズⅡ等） | | ○ |
| | 環境アセスメント等 | | ○ |
| 地震リスク評価 | 簡易分析 | ○ | ○ |
| | 詳細分析 | ○ | ○ |
| 耐震性調査 | 建築士等による耐震診断 | | ○ |
| 地下埋設物調査 | | | ○ |

# 3　エンジニアリング・レポートの調査事項

## (1)　建物状況調査

| | |
|---|---|
| 立地概況調査 | 立地特性，地理的条件，被災履歴など |
| 建物概要調査 | 建物の敷地，構造規模，法的手続，仕様，企画管理者，使用収益など |
| 設備概要調査 | 電気設備，空調設備，給排水衛生設備，防災設備，搬送機設備など |
| 構造概要調査 | 構造設計内容の確認・評価 |
| 公法上及び私法上の規制，制約等 | 建築基準関係規定への適応性やハートビル法への対応など |
| 更新・改修履歴とその計画の調査 | 老朽化に伴う機能・美化上の劣化を，本来の機能・外観にまで回復させる「更新」や機能上・外観上の陳腐化に対応して新たな機能向上を行う「改修」について，当該建物の履歴を調査し，修繕更新周期を考慮した計画を調査 |
| 緊急修繕更新費 | 緊急を要する修繕，更新項目<br>・実査時において機能していないもの<br>・建築基準法違反や消防指摘事項で，非常時において人命・安全に関わる事項<br>・ビル入居者，訪問者，通行人にとって潜在的に危険なもの<br>・重要なシステムの状態不良や老朽化<br>・対処を行わないと１年以内に重要なシステムが故障するおそれが大きい不具合 |
| 短期修繕更新費 | 短期に対応すべき修繕，更新項目（１年以内）<br>・著しい瑕疵や欠陥のあるもので，緊急修繕更新費に含まれないもの<br>・錆，亀裂，汚濁，破損等著しく劣化しているもので，日常の予防保守よりも優先的に修繕や交換が必要な物理的不具合や保守の遅れているもの<br>・建築関連法令違反事項で，緊急修繕費用に含まれないもの<br>・機能していても，推定耐用年数を大幅に超えているもの<br>・その他，１年以内に修繕や更新した方がよいと判断できるもの |

| | |
|---|---|
| 長期修繕更新費 | 「長期修繕計画」とか「ＣＡＰＥＸ」といわれ，「投資期間において収益性を損ねるような事態が発生しない」という前提で，一般に10年あるいは12年間，場合によっては15年間にわたって作成される次のような費用の合計<br>・資本的支出<br>管理レベルの維持に必要とされる改修費用の中で，建築仕上げや建築設備の使用可能期間を維持あるいは延長させるための費用，あるいは全面的更新のための費用<br>・修繕費<br>・資本的支出以外の改修費用 |
| 再調達価格 | 対象建物の仕様のとおりに調査時点で新築するとした場合の費用である。不動産鑑定評価基準の「再調達原価」に近い概念であるが，「発注者が直接負担すべき通常の付帯費用」である設計監理費は含まない。 |

## ⑵　建物環境リスク評価

### ①　アスベスト

アスベスト（石綿）は，天然に算出する蛇紋石系及び角閃石系の繊維状鉱物である。

国際労働機関（ＩＬＯ）並びに米国環境保護庁（ＥＰＡ）等における定義では，下表の６種類を指すとされている。

| 分類 | 石綿名 | 備考 |
|---|---|---|
| 蛇紋石系 | クリソタイル（白石綿） | 輸入により使用 |
| 角閃石系 | クロシドライト(青石綿)<br>アモサイト（茶石綿） | 労働安全衛生法に基づき製造・輸入・販売・使用等禁止（1995年） |
| | アンソフィライト<br>トレモライト<br>アクチノライト | 他のアスベストの鉱床中に不純物として含まれる。<br>日本国内の産業界で使用されていない。 |

アスベストは，耐熱性に優れる，断熱性がよい，吸音性がよい，拡張力に優れる，腐食しない等の特性があるため，今まで，比較的安価な原材料として様々な建材・機械に使用されてきた。しかし，1960年代に石綿労働者の妻子や

近隣住民らの悪性中皮腫（注）等の報告が相次ぎ，アスベストによる健康傷害が大きな社会問題となるに従って，アスベストの使用を禁止する規制が強まった。

（注）　悪性中皮腫は，肺や心臓を取り囲む胸膜や心膜，肝臓や胃などの臓器を囲む腹膜に発生する悪性の腫瘍（がん）であり，アスベストばく露から20～50年の長い潜伏期間を経たのち発症する。

・1975年，特定化学物質等障害予防規制の改正により，吹き付けアスベストが原則禁止となった。
・1989年，大気汚染防止法の改正により，石綿は「特定粉じん」とされ，石綿製品の工場などの規制基準が決められた。
・1991年，廃棄物処理法の改正により，吹き付けアスベスト等は「廃石綿」とされ，特別管理産業廃棄物となった。
・1995年，労働安全衛生法施行令の改正により，アモサイト（茶石綿）及びクロシドライト（青石綿）が原則禁止された。
・1997年，労働安全衛生規則の改正により，耐火建築物等における石綿除去作業に関する計画の届出が義務付けられた。
・2004年，労働安全衛生法施行令の改正により，建材，摩擦材等の石綿含有製品の製造，輸入，譲渡，提供又は使用が禁止（10月より施行）された。
・2005年７月より，石綿障害予防規則が施行された。

建築物等に使用されているアスベスト含有建材は，次のとおり分類される。

| | | |
|---|---|---|
| 吹　付　材 | 飛散性吹付材 | ・石綿吹付<br>・石綿を含む乾式岩面吹付<br>・石綿を含む半湿式岩面吹付<br>・蛭石吹付，パーライト吹付 |
| | 非飛散性吹付材 | ・湿式吹付耐火被覆材 |
| 固　形　材 | 準飛散性固形材 | ・珪酸カルシウム板第２種<br>耐火被覆材（タイカライト等） |
| | 非飛散性固形材 | ・波板スレート<br>・ＶＡタイル，岩面吸音板<br>・珪酸カルシウム板第１種<br>・抽出成型セメント板 |

石綿障害予防規則では，建設材料を発じん性のレベルに応じて３分類し，基本的にはレベル１のアスベスト含有吹付材がばく露対策の基本となるものであ

り，レベル２・３は，改修工事または解体工事においてアスベストが飛散しないように注意が必要となるものであるとしている。

したがって，建物環境リスク評価では，「アスベスト含有吹付け材」を主な調査対象としている。「アスベスト含有成形材」は破損などにより飛散する可能性があるような場合にのみ問題ありと指摘されている。

| レベル | レベル１ | レベル２ | レベル３ |
|---|---|---|---|
| 建材種類 | アスベスト含有吹付材 | アスベスト含有保温材，耐火被覆材，断熱材 | その他のアスベスト含有建材（成形板等） |
| 発じん性 | 著しく高い | 高い | 比較的低い |
| 具体的な使用箇所の例 | ①　建築基準法の耐火建築物（３階建て以上の鉄骨構造の建築物，床面積の合計が200㎡以上の鉄骨構造の建築物等）などの梁，柱等に，アスベストとセメントの合材を吹き付けて所定の被膜を形成させ，耐火被膜用として使用。昭和38年頃から昭和50年初頭までの建築物に多い。<br>②　ビルの機械室，ボイラー室等の天井，壁またはビル以外の建築物（体育館，講堂，温泉の建物，工場，学校等）の天井，壁に，石綿とセメントの合剤を吹き付けて所定の被膜を形成させ，吸音，結露防止（断熱用）として使われている。昭和31年頃から昭和50年初頭までの建築物に多い。 | ①　ボイラー本体およびその配管，空調ダクト等の保温材として，アスベスト保温材，アスベスト含有珪酸カルシウム保温材等を張り付けている。<br>②　建築物の柱，梁，壁等に耐火被覆材として，アスベスト耐火被覆材，アスベスト含有珪酸カルシウム板第２種を張り付けている。<br>③　断熱材として，屋根用折板裏断熱材，煙突用断熱材を使用している。 | ①　建築物の天井，壁，床等にアスベスト含有成形板，ビニール床タイル等を張り付けている。<br>②　屋根材として石綿スレート等に用いている。 |

出所：「建築物の解体等工事における石綿粉じんへのばく露防止マニュアル（H17.8）」
建設業労働災害防止協会

また，既に製造等が中止されている石綿含有建材と平成16年10月１日から製造等が禁止されている石綿含有製品がある。

**【製造中止の石綿含有建材】**

| 石綿含有建築材料<br>（製造中止年） | 石綿の種類 | 用　　途 |
|---|---|---|
| 吹付石綿<br>（昭和50年） | クリソタイル<br>アモサイト<br>クロシドライト | □　吸音，断熱材：ビル，学校，工場，ボイラー室などの天井<br>□　鉄骨耐火被覆用：鉄骨造（Ｓ造のビル），工場等の鉄骨部分<br>□　結露防止用：温泉の風呂場などの天井など |
| 石綿含有吹付ロックウール<br>（昭和55年） | クリソタイル<br>アモサイト<br>クロシドライト | |
| 石綿含有耐火被覆板<br>（昭和55年） | クリソタイル<br>アモサイト | □　耐火被覆用：鉄骨造（Ｓ造）のビルの柱・梁 |
| 石綿珪酸カルシウム板第２種<br>（平成元年） | クリソタイル<br>アモサイト | □　耐火被覆用：鉄骨造（Ｓ造）のビルの柱・梁 |
| 石綿珪酸カルシウム板第１種<br>（平成５年） | クリソタイル<br>アモサイト | □　ビル，住宅の内装，天井，ビルの耐火間仕切 |
| ビニル床タイル<br>（昭和61年） | クリソタイル<br>アモサイト | |

（注）　石綿含有吹付ロックウールは石綿を１重量％超えて含むものをいう。
参考資料：せきめんNo.654（日本石綿協会）

**【平成16年10月１日から製造等が禁止されている石綿含有製品】**

| 種　　類 | 製　法　等 | 用　　途 |
|---|---|---|
| 石綿セメント | 石綿及びセメントを主原料として製造される円筒 | 主に煙突，地下埋設ケーブル保護管，臭気抜き，温泉の送湯管，配水管等 |
| 押出成形セメント板 | セメント，珪酸質原料及び繊維質材料を主原料として高温・高圧化で空洞を持つ板状に押出成形し，硬化させたもの | 主に建築物の非耐力外壁又は間仕切壁等 |

| | | |
|---|---|---|
| 住宅屋根用化粧スレート | セメント，珪酸質原料，混和材を主原料として加圧成形させたもの | 主に屋根材に張られた板の上に葺く化粧板 |
| 繊維強化セメント板 | セメント，石灰質原料，パーライト，珪酸質原料，スラグ及び石膏を主原料とし，繊維等を加え成形させたもの | 主に工場等の建築物の屋根や外壁 |
| 窯業用サイディング | セメント質原料及び繊維質原料を主原料とし，板状に成形し，硬化させたもの | 主に建築物の外装 |

参考資料：厚生労働省・都道府県労働局・労働基準監督署パンフレット

② Ｐ Ｃ Ｂ

ＰＣＢは，化学的安定，高脂溶性，不燃性，高絶縁性から変圧器やコンデンサーなどに使用されていたが，1968年カネミ油脂事件以来その有毒性が注目され，製造および使用が禁止され，法律に従って2016年までに処理することが義務づけられている。処理が行われるまでの間，ＰＣＢは法律に従った管理が義務づけられている。

「廃ＰＣＢ」はすでに使用されない状態のＰＣＢであるが，法律に従って処理されるまでの間は，保管方法が定められているので，「廃ＰＣＢ」がある場合には保管の状況を確認する必要がある。また，ＰＣＢ汚染物が，使用中の高圧電気機器に含まれる場合もあるので，ＰＣＢ含有機器が使用されている場合はその管理状況を確認する必要がある。

したがって，建物環境リスク評価では，「廃ＰＣＢ」の有無，ある場合は保管の状況の確認，ＰＣＢ含有機器が使用されている場合はその管理状況について確認し評価する。

③ その他の項目

Ａ　建築仕上・建築設備に関する環境項目

この調査項目には，オゾン層破壊・地球温暖化ガス，仕上塗料（鉛を始めとする有害重金属等），地下居室の換気（ラドンガス），ばい煙等排出設備，危険物・

特殊薬液等貯蔵設備などがある。

これらに問題があると，人的被害ばかりでなく，法的な制裁措置，風評の発生による損失など，収益性に及ぼす影響は決して低くない。

**B　室内環境項目およびその他の項目**

この調査項目には，室内空気環境，飲料用水質，空気調和設備用水質，雑用水水質，清掃・ねずみ・昆虫等の防除，排水関係，産業廃棄物（一般，特別）搬出時におけるマニフェスト，ラサール条約（特に水鳥の生息地として国際的に重要な湿地に関する1971年に制定された条約）で指定された湿地への影響，などがある。

### ⑶　土壌汚染リスク評価

「**土壌汚染**」とは，土壌汚染対策法（平成14年法律第53号）第２条第１項に規定されている特定有害物質を中心として，各自治体の条例等及びダイオキシン類対策特別措置法において対象とする有害物質が各法令等の基準値を超えて地表又は地中に存在することをいう。

**A　土壌汚染対策法等**

土壌汚染対策法の目的は，第１条で「土壌の特定有害物質による汚染の状況の把握に関する措置及びその汚染による人の健康に係る被害の防止に関する措置を定めること等により，土壌汚染対策対策の実施を図り，もって国民の健康を保護すること」として，以下のとおり定める。

①　特定有害物質

| 分　類 | 項　目 | 地下水等の摂取によるリスク | 直接摂取によるリスク |
|---|---|---|---|
| 揮発性有機化合物<br>（第１種特定有害物質） | 四塩化炭素<br>1,2−ジクロロエタン<br>1,1−ジクロロエチレンシス<br>1,2−ジクロロエチレン<br>1,3−ジクロロプロペン<br>ジクロロメタン<br>テトラクロロエチレン<br>1,1,1−トリクロロエタン<br>1,1,2−トリクロロエタン<br>トリクロロエチレン<br>ベンゼン | ○<br>（土壌ガス調査で検出された場合） | ／ |
| 重金属等<br>（第２種特定有害物質） | カドミウム及びその化合物<br>六価クロム化合物<br>シアン化合物<br>水銀及びその化合物<br>（うちアルキル水銀）<br>セレン及びその化合物<br>鉛及びその化合物<br>砒素及びその化合物<br>ふっ素及びその化合物<br>ほう素及びその化合物 | ○ | ○ |
| 農薬等<br>（第３種特定有害物質） | シマジン<br>チウラム<br>チオベンカルブ<br>ＰＣＢ<br>有機りん化合物 | ○ | ／ |

②　土地汚染状況調査

ア　有害物質使用特定施設（水質汚濁防止法第２条第２項に規定する特定施設で，同条第２項第１号に規定する特定有害物質をその施設において製造し，使用し，又は処理するものをいう）の使用を廃止した時の土地（法第３条）

イ　土壌汚染により健康被害が生ずるおそれがあると都道府県知事が認める

土地（法第4条）について土壌汚染の状況を，都道府県知事は土地所有者等（所有者，管理者又は占有者）に対し，環境大臣が指定する者に調査させ，その結果を報告させることを命ずることができる。

③　指定区域の指定等

都道府県知事は，土壌汚染状況調査の結果，土壌の汚染状況が指定基準に適合しない場合には，当該土地の区域をその土地が特定有害物質によって汚染されている区域（以下「指定区域」という）として指定し，その旨を公示する（法第5条）とともに指定区域台帳に記載して公衆の閲覧に供する（法第6条）。

④　土壌汚染による健康被害の防止措置

ア　指定区域内の土壌汚染により人の健康被害が生ずるおそれがあると認めるときは，都道府県等が汚染原因者（汚染原因者が不明等の場合は土地所有者等）に対し，汚染の除去等の措置（当該汚染の除去，当該汚染の拡散の防止その他必要な措置）の実施を命ずることができる（法第7条）。

イ　土地の所有者等の汚染の除去等の措置を講じた場合，汚染原因者に対して措置に要した費用を請求することができる（法第8条）。

ウ　指定区域内において土壌の採取その他の土地の形質の変更をしようとする者は，計画（当該土地の形質の変更の種類，場所，施行方法及び着手予定日その他一定の事項）を都道府県知事に届け出なければならない（法第9条）。

また，計画が適切でない場合は，都道府県知事が計画の変更を命ずることができる（法第9条第4項）。

エ　土壌汚染の除去が行われた場合には，指定区域の指定を解除し，その旨を公示するものとする（法第5条第3，4項）。

土壌汚染に関する法律，規制等は，土壌汚染対策法以外に次のものがある。

①　水質汚濁防止法

②　下水道法

③　各自治体の条例・要綱・指針等

④　その他の法令等

環境基本法，大気汚染防止法，悪臭防止法，廃棄物の処理及び清掃に関する法律，農用地の土壌汚染防止に関する法律，ダイオキシン類対策特別法，環境影響評価法，農薬取締法，化学物質の審査及び製造等の規制に関する法律，特定化学物質の環境への排出量の把握等及び管理の改善の促進に関する法律

**B　フェーズⅠ調査**

①　土壌汚染の可能性評価・ＲＥＣ評価

対象不動産に潜在する土壌汚染の可能性の有無を定性的に評価する。

または，次のような事実がある場合には，ＲＥＣ（Recognized Environmental Condition）があると判断する

・使用履歴のある有害物質や石油製品等が，現時点で漏洩している状態にある。

・過去に漏洩した事実がある。

・将来において漏洩が発生することが十分に懸念され，土壌や地下水に影響を引き起こすような状況がある。

②　土壌汚染の社会問題化

土壌汚染は，人の健康や生活環境への影響のほか，大きな経済的リスクであり，汚染が発覚した場合，直接・間接的に関係する企業活動にも次のような影響を及ぼす。

・土壌汚染調査費用，浄化対策費用の負担が生ずる。

・第３者に対する損害賠償責任が生ずる。

・資産価値や担保価値が低下する。

・不動産の売買機会が制限される。

・開発計画の見直しや中止などによって商品価値が喪失する。

③　調査の方法

書類調査（サンプル採取，サンプル分析などは行わない）として，次のとおり行う。

・公開資料の収集（白書，水質データなど）

・土地利用変遷調査（登記簿，地形図，住宅地図，航空写真）

・有害物質の使用実態調査

・地形，地質，地下水の状況

現地調査として，次のとおり行う。

・ヒアリング

・視察

### C　フェーズⅡ等調査

①　フェーズⅠ調査の結果，土壌汚染の可能性がある，またはＲＥＣあり，と指摘があったら，フェーズⅡ調査へと進む。

②　フェーズⅡ調査では，現地で土壌等を採取のうえ，分析（サンプル分析）することにより，汚染物質の定量的な評価を行い，土壌汚染の有無を確認するとともに，汚染経路や３次元の汚染分布の状態を明らかにする。

**図表２－４－１**

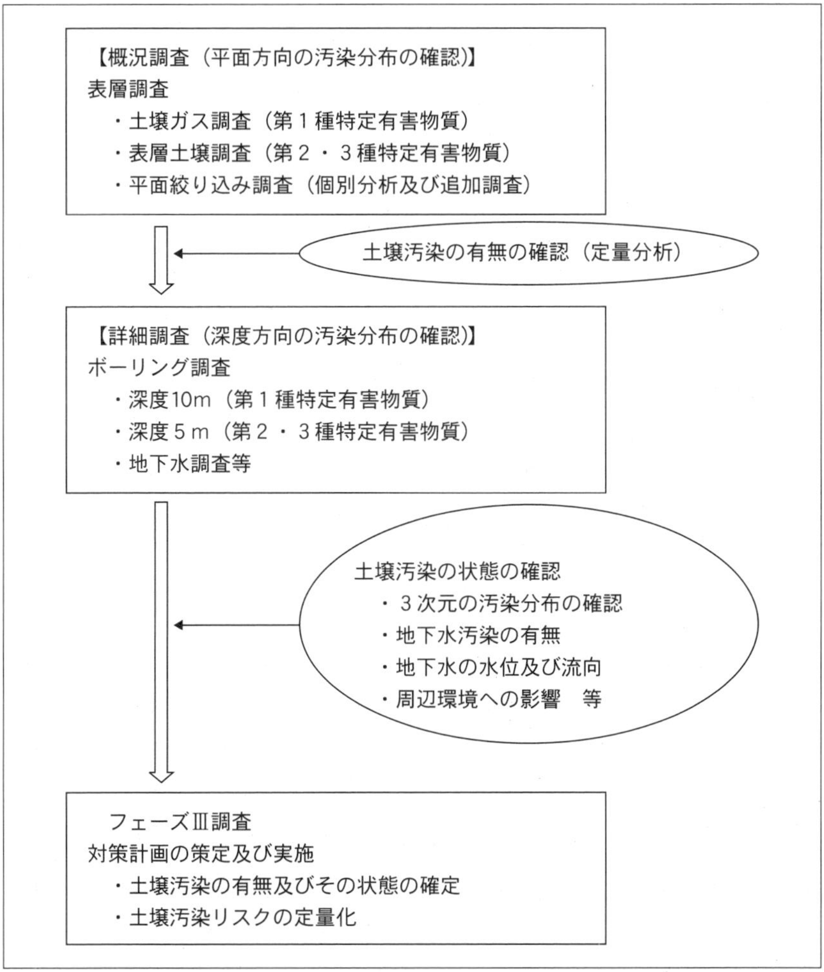


③　フェーズⅢ調査は，汚染の原因や汚染分布等の状態，対象地の環境等に応じた対策工事の設計と必要に応じた効果確認のモニタリング計画を立案及び費用を算定し，対策工事及びモニタリングを実施する。

### D　環境アセスメント

環境アセスメントとは，環境影響評価のことであり，主として大規模開発事業等による環境への影響を事前に調査することによって，予測，評価を行う手続きのことを指す場合が多い。

日本では，1997年（平成９年）に環境影響評価法（通称：環境アセスメント法）が制定され，これに前後して各地方自治体においても条例による独自の環境影響評価制度が定められた。

調査，予測，評価の項目は公害に関わる７項目（大気汚染，水質汚濁，土壌汚染，騒音，振動，地盤沈下，悪臭）および自然環境の保全に関わる５項目（地形，地質，植物，動物，景観および野外レクリエーション地）の中から対象事業の性質に応じて選ばれる。

なお，通常の環境影響評価は事業実施直前の段階で手続きが進められるが，これに対して，政策決定段階や事業の適地選定などの構想段階で行われる環境影響評価を戦略的環境アセスメント（ＳＥＡ）という。環境省などで制度化を検討しているほか，東京都，埼玉県などでは，その概念を含んだ条例等をすでに制定している。

環境影響評価法で環境アセスメントの対象となる事業は，道路，ダム，鉄道，空港，発電所などの13種類の事業である。このうち，規模が大きく環境に大きな影響を及ぼすおそれがある事業を「第１種事業」として定め，環境アセスメントの手続きを必ず行うこととしている。この「第１種事業」に準ずる規模の事業を「第２種事業」として定め，手続きを行うかどうかを個別に判断することとしている。つまり，「第１種事業」のすべてと,「第２種事業」のうち手続きを行うべきと判断されたものとが，環境アセスメントの手続きを行うことになる。また，規模が大きい港湾計画も環境アセスメントの対象となっている。

環境アセスメントの対象事業一覧

| | 第１種事業<br>(必ず環境アセスメントを行う事業) | 第２種事業<br>(環境アセスメントが必要かどうかを個別に判断する事業) |
|---|---|---|
| １ 道　路 | | |
| 高速自動車国道 | すべて | |
| 首都高速道路など | ４車線以上のもの | |
| 一般国道 | ４車線以上・10km以上 | ４車線以上7.5km～10km |
| 大規模林業圏開発林道 | 幅員6.5m以上20km以上 | 幅員6.5m以上15km～20km |
| ２ 河　川 | | |
| ダム，堰 | 湛水面積100ｈａ以上 | 湛水面積75ｈａ～100ｈａ |
| 放水路，湖沼開発 | 土地改変面積100ｈａ以上 | 土地改変面積75ｈａ～100ｈａ |
| ３ 鉄　道 | | |
| 新幹線鉄道 | すべて | |
| 鉄道，軌道 | 長さ10km以上 | 長さ7.5km～10km |
| ４ 飛行場 | 滑走路長2500m以上 | 滑走路長1875～2500m |
| ５ 発電所 | | |
| 水力発電所 | 出力３万ｋｗ以上 | 出力2.25万ｋｗ～３万ｋｗ |
| 火力発電所 | 出力15万ｋｗ以上 | 出力11.25万ｋｗ～15万ｋｗ |
| 地熱発電所 | 出力１万ｋｗ以上 | 出力7500ｋｗ～１万ｋｗ |
| 原子力発電所 | すべて | |
| ６ 廃棄物最終処分場 | 面積30ｈａ以上 | 面積25ｈａ～30ｈａ |
| ７ 埋立て，干拓 | 面積50ｈａ超 | 面積40ｈａ～50ｈａ |
| ８ 土地区画整理事業 | 面積100ｈａ以上 | 面積75ｈａ～100ｈａ |
| ９ 新住宅市街地開発事業 | 面積100ｈａ以上 | 面積75ｈａ～100ｈａ |
| 10 工業団地造成事業 | 面積100ｈａ以上 | 面積75ｈａ～100ｈａ |
| 11 新都市基盤整備事業 | 面積100ｈａ以上 | 面積75ｈａ～100ｈａ |
| 12 流通業務団地造成事業 | 面積100ｈａ以上 | 面積75ｈａ～100ｈａ |
| 13 宅地の造成の事業（＊１） | 面積100ｈａ以上 | 面積75ｈａ～100ｈａ |

| | |
|---|---|
| ◎港湾計画（＊２） | 埋立・堀込み面積の合計300ｈａ以上 |

## 環境アセスメントの手続きの流れ

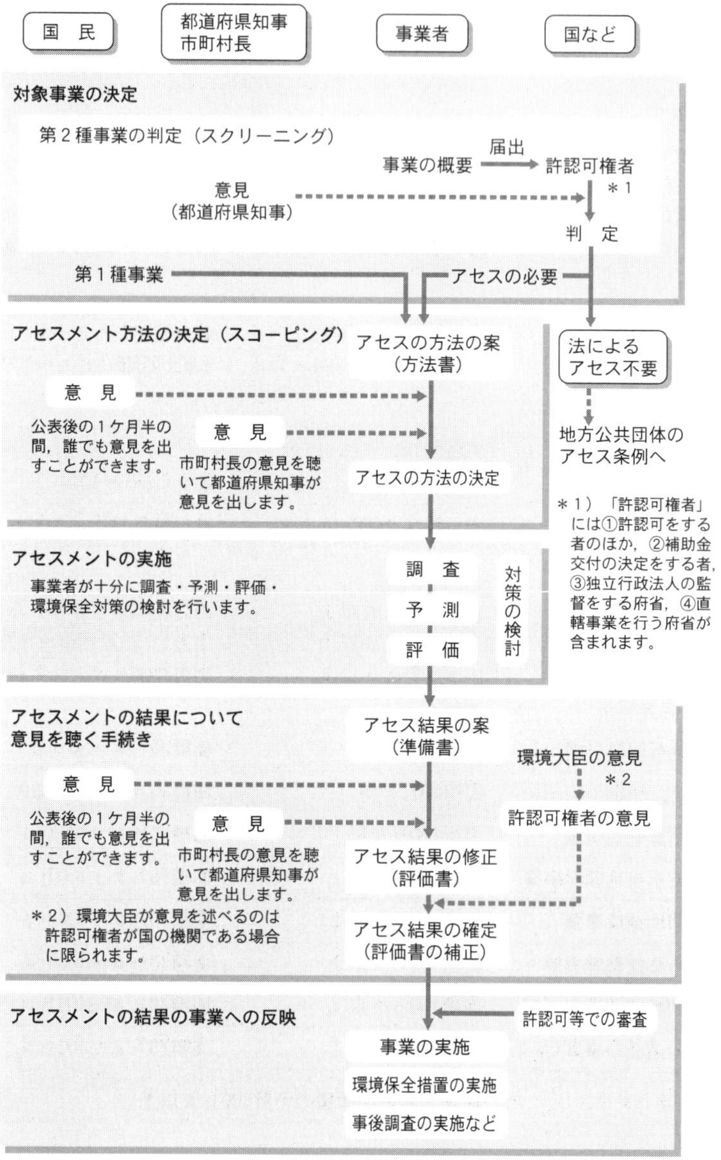
国　民
都道府県知事
市町村長
事業者
国など
対象事業の決定
第２種事業の判定（スクリーニング）
届出
事業の概要
許認可権者
＊１
意見
（都道府県知事）
判　定
第１種事業
アセスの必要
法による
アセス不要
地方公共団体の
アセス条例へ
アセスメント方法の決定（スコーピング）
アセスの方法の案
（方法書）
意　見
公表後の１ケ月半の
間，誰でも意見を出
すことができます。
意　見
市町村長の意見を聴
いて都道府県知事が
意見を出します。
アセスの方法の決定
＊１）「許認可権者」
には①許認可をする
者のほか，②補助金
交付の決定をする者，
③独立行政法人の監
督をする府省，④直
轄事業を行う府省が
含まれます。
アセスメントの実施
事業者が十分に調査・予測・評価・
環境保全対策の検討を行います。
調　査
予　測
評　価
対策の検討
アセスメントの結果について
意見を聴く手続き
アセス結果の案
（準備書）
環境大臣の意見
＊２
意　見
公表後の１ケ月半の
間，誰でも意見を出
すことができます。
意　見
市町村長の意見を聴
いて都道府県知事が
意見を出します。
許認可権者の意見
アセス結果の修正
（評価書）
＊２）環境大臣が意見を述べるのは
許認可権者が国の機関である場合
に限られます。
アセス結果の確定
（評価書の補正）
アセスメントの結果の事業への反映
許認可等での審査
事業の実施
環境保全措置の実施
事後調査の実施など

出所：環境省パンフレット「環境アセスメント制度のあらまし」

### (4) 地震リスク評価

① 地震リスク評価（分析）は，投資リスクの把握，地震保険の付保，家賃保険の付保などの目的で，地震による建物の損失率や損失額，事業中断日数を算出し，リスクの保有，転嫁などの判断資料を提供する。

② 一般に「ＰＭＬ」（最大予想損失）の数値をもとに，リスクを自己保有するか保険などに転嫁するかを判断する。その際，米国で，特に西海岸で使用されている確認レベル「50年に10％の発生確率」としての再現期間475年を使用することが多い。すなわち，475年に１度の確率で起こる大地震によって，建物がどのくらいの被害を被るか（建物の何パーセントが壊れるか）を数値で示したものである。

したがって，「ＰＭＬ」は，当該建物が予想される最大の地震によって被害を受けたとき，総建て替え工事費に対する被害前の状態に復旧するための補修工事費（損失額）の割合で示すことができる。

| |
|---|
| ＰＭＬ（％）＝補修工事費／総建て替え工事費×100 |

目安として，ＰＭＬが15％を超えると耐震性に疑問が生じ，地震リスクを軽減する措置を講ずる必要があると判断することになり，20％以上になると証券化の場合には，耐震補強工事や地震保険付保の検討対象になる。

③ 算出方法

・リスクカーブ法：統計的な手法であるリスクカーブによって算出する方法で，様々な地震についての検討が可能である。

・直接算出法：再現期間475年相当の地震による損失を直接算出する方法である。

④ 分析方法

・詳細分析：当該建物の固有の性能を技術者が解析しそのデータをもとに損失率を算出する。作業が高度かつ専門的であり，信頼性が高いが，それなりの費用と期間が必要である。

・簡易分析：基礎的な情報（住所，構造，階数，施行年度，面積）だけで分析する。しかし，同種・同規模・同年代の建物の平均的な傾向値を示しているにすぎず，対象建物の固有の耐震性能は反映されていない。

・ポートフォリオ分析：ファンドを構成する複数の不動産の「ポートフォリオ」としての地震リスク分析を行う。

・事業中断日数分析：事業中断期間は，想定される地震により建物が被災した際，建物が所定の機能を果たせない状態にある期間をいい，電気施設，水道施設などのライフラインの被害が事業期間に影響する可能性がある。

### ⑸　耐震性調査

建物が耐震強度として最低限確保しなければならない基準は，建築基準法に定められており，新潟地震，十勝沖地震，宮城県沖地震などで建物が大きな被害を受けるたびに改訂されてきた。現在の建築基準である新耐震設計法による新耐震基準は，1981年に施行され，それ以前の旧耐震基準と大きく異なっている。建物の耐震強度が新耐震基準を満たしていれば，その建物が存続中に数回遭遇すると考えられる中規模地震（震度５強程度）では，ほとんど壊れない。

したがって，当該建物が1981年以降の新耐震基準によっているかどうかが，耐震性判断の１つの目途になる。

### ⑹　埋蔵文化財調査

文化財保護法で規定された埋蔵文化財については，同法に基づく発掘調査，現状を変更することとなるような行為の停止又は禁止，設計変更に伴う費用負担，土地利用上の制約等がある。したがって，対象不動産の状況と文化財保護法に基づく手続きに応じ，次の事項に留意して，埋蔵文化財の有無及びその状態に関する調査を行う必要がある。

・対象不動産が文化財保護法に規定する周知の埋蔵文化財包蔵地に含まれているか否か。

・埋蔵文化財の記録作成のための発掘調査，試掘調査等の措置が指示されているか否か。
・埋蔵文化財が現に存することが既に判明しているか否か（過去に発掘調査等が行われている場合にはその履歴及び措置の状況）。
・重要な遺跡が発見され，保護のための調査が行われる場合には，土木工事等の停止又は禁止の期間，設計変更の要否等。

### (7)　地下埋設物調査

対象不動産の地下に従前建物の基礎杭，地下室等の地下施設，地下タンク，防空壕，廃棄物，人骨等の地下埋設物がある場合，当該建物の除去や埋め戻し等の措置が必要になったり，設計変更や土地利用上の制限を受けたりするなど，投資家にとって，予期せぬ支出がある（これら地下埋設物の措置に係わる費用のみならず利用制約や時間ロスを含めて「地下埋設物に係る措置費用」という）。したがって，地下埋設物が存在するかどうかについての調査を行う必要がある。

しかし，地下埋設物についての調査報告書は，BELCAの定義するエンジニアリング・レポートに含まれず，専門家の調査報告書を取得できる場合は稀である。

また，地下埋設物の有無を本格的に調査するには，レーダーでの探索や，最終的には掘削による調査が必要なため，不動産鑑定士の調査能力を超えていることが多い。

そこで，不動産鑑定士は，古地図で従前の使用方法を調査するほか，売買時の重要事項説明書の記載概要の入手や依頼者のヒアリングにより，地下埋設物存在の可能性をできる限り調査する必要がある（実務指針第４章Ⅲ２ウキ）。

# 第5章

# ＤＣＦ法による収益価格の品質保全

証券化対象不動産の用途は，オフィス，住宅，商業施設等の複合不動産が多く，当該鑑定評価に当たっては，ＤＣＦ法による収益価格を中心とする。

不動産鑑定評価基準は次のとおり定める。

> 第４節　ＤＣＦ法の適用等
>
> 証券化対象不動産の鑑定評価における収益価格を求めるに当たっては，DCF法を適用しなければならない。この場合において，併せて直接還元法を適用することにより検証を行うことが適切である。

（実務指針）

ＤＣＦ法も直接還元法もともに収益還元法の手法であり，いずれの手法によって求めた価格も理論的には同一水準となる。２つの手法により求めた価格に大きな開差がある場合は，いずれかの手法の適用過程に誤りがある場合が想定されるため，再吟味を行うことが必要となる。

直接還元法は，価格時点における純収益と市場利回りから査定した還元利回りにより収益価格を求めるのでわかりやすい方法であるが，純収益の詳細な変動予測が十分に反映できず，また実際の取引事例からの比較という比準方式の要素も少なくない。

ＤＣＦ法は，純収益の詳細な変動予測を反映し，対象不動産にかかる将来の純収益変動予測と当該予測の変動リスクに基づく割引率を適用して収益価格を求めるので，高い説明力を求められる証券化対象不動産の鑑定評価には適した方法である。したがって，ＤＣＦ法を適用することを標準とする。

## Ａ　ＤＣＦ法の適用

ＤＣＦ法の適用に当たって，不動産鑑定評価基準は，

Ⅰ　**ＤＣＦ法の適用過程等の明確化**として，以下のとおり定める。

> ⑴　ＤＣＦ法の適用に当たっては，ＤＣＦ法による収益価格を求める際に活用する資料を次に定める区分に応じて，その妥当性や判断の根拠等を鑑定評価報告書に記載しなければならない。
> ①　依頼者から入手した対象不動産に係る収益又は費用の額その他の資料をそのまま活用する場合
> ②　依頼者から入手した対象不動産に係る収益又は費用の額その他の資料に修正等を加える場合
> ③　自らが入手した対象不動産に係る収益又は費用の額その他の資料を活用する場合

（実務指針）

ＤＣＦ法による収益価格を求める際に採用する資料の妥当性や判断の根拠等を鑑定評価報告書に明記する。

例えば，貸室賃料収入について，初年度～２年度予測は依頼者から入手したレントロール記載の数値が継続するものとして予測するが，以降については，自ら入手した資料（市場賃料，空室率，需給動向にかかる資料）に基づき，依頼者から入手したレントロール記載の数値を修正し，年間変動率を○％と予測すると記載する等。

また，依頼者から入手した資料に齟齬がある場合や間違いがあると判断された場合には，依頼者に確認をし，適切な資料を入手することが必要である。

> ⑵　ＤＣＦ法による収益価格を求める場合に当たっては，最終還元利回り，割引率，収益及び費用の将来予測等査定した個々の項目等に関する説明

に加え，それらを採用して収益価格を求める過程及びその理由について，経済事情の変動の可能性，具体的に検証した事例及び論理的な整合性等を明確にしつつ，鑑定評価報告書に記載しなければならない。

また，複数の不動産鑑定士が共同して複数の証券化対象不動産の鑑定評価を行う場合にあっては，ＤＣＦ法の適用において活用する最終還元利回り，割引率，収益及び費用の将来予測等について対象不動産相互間の論理的な整合性を図らなければならない。

（実務指針）

①　収益及び費用の予測

◇　合理的に行動する典型的な市場参加者が収益費用の将来動向をどのように予測したうえで行動しているかということの把握及び分析に努める。

◇　予測時点において入手可能な情報を有効に活用して，客観性と合理性を有する予測を行う。

◇　市場分析で詳細に分析した対象不動産と同用途の不動産に係る市場における需給状況や賃料の推移などの把握を起点とし，一般的要因の分析で把握・検討した景気，物価，金利等のマクロ経済の現状と見通し及び同一需給圏における不動産の需給状況に影響を及ぼす需要面・供給面の要因を踏まえたうえで，慎重な姿勢で行う。

◇　収益費用の将来予測は，絶えず市場を注視し，投資家が用いている評価手法についても熟知しつつ行う。

例えば，現在のテナントが退去して新規にテナントが入居する場合と現在のテナントが更新した場合を仮定し，当該物件に入居している一般的なテナントがどのような確率で契約更新を行うかを設定して，テナントの契約満了時にこの更新確率を使って，契約満了後の賃貸収入，空室損失額，賃貸契約費用等を計算する。この計算を個々のテナントの契約満了時に行うことにより収支の推移を予測する等。

② 利　回　り

i 割　引　率

◇　ＤＣＦ法で適用する割引率は，各期の純収益と復帰価格を価格時点に割り引くための期待収益率である。

◇　投資の標準とされている金融資産の利回りや不動産投資利回りの目安となっている不動産の利回りに対象不動産の個別性（純収益の不確実性）を加味して求めた利回りや，同一需給圏内の類似不動産の取引事例の利回り，投資家へのアンケート結果等を総合的に勘案して査定する。

◇　複数の対象不動産を一時に鑑定評価する場合には，個別の不動産の地域要因や個別的要因の格差を把握し，それらの格差に基づく将来収益の変動リスクについて検討し，整合性に留意して割引率を査定する。

◇　割引率の査定については，金利動向，市場分析結果，対象不動産の純収益の不確実性をどのように反映させたかを，判断根拠とした資料とともに，できるだけ明確に鑑定評価報告書に記載する。

ii 還元利回り及び最終還元利回り

◇　直接還元法で用いる還元利回りを，取引事例等から求める場合は，証券化対象不動産等の取引事例，投資家へのヒアリング等による地域別，用途別の利回り水準の把握が必要である。

◇　対象不動産に適用する還元利回りを，標準的な金融資産の利回り又は不動産投資の標準とされる不動産の利回りに，立地条件，権利関係，建物の状況，賃借人の状況等にかかる純収益の不確実性の格差（リスクプレミアム）を加減して求める場合は，これらの要因は，互いに影響しあっているために，できるだけ，対象不動産と類似不動産の取引事例を収集して，その還元利回りとの比較を行うことによって，求められた還元利回りを検証する。

◇　Ｊ－ＲＥＩＴの不動産取引時の情報開示や決算時の個別不動産のＮＯＩや鑑定評価額が開示される場合には，検証手段として積極的に活用する。

◇　売却予定価格を求めるための最終還元利回りは，価格時点の還元利回りに将来の不確実性及び還元対象となる純収益に反映されない資産価格の変動に伴うプレミアムを，加減して求める。

◇　最終還元利回りは，一般的には，経済的残存年数の経過による不動産の価格下落のリスク，保存期間後の純収益の見積りリスク，売却リスク等リスクが想定されるために，還元利回りより大きくなる場合が多い。

⑶　鑑定評価報告書には，ＤＣＦ法で査定した収益価格（直接還元法による検証を含む。）と原価法及び取引事例比較法等で求めた試算価格との関連について明確にしつつ，鑑定評価額を決定した理由について記載しなければならない。

（実務指針）

◇　収益価格と積算価格等の間に大きな乖離が生じた場合には，市場分析における次のような視点を通じ，乖離の原因究明を行う。

・投資目的での不動産取引が珍しくなく，そのような取引を基準として地域における不動産価格の水準感が形成されているか。

・複合不動産と更地の取引では典型的な買い手の属性や資金力等が異なるか。

・開発後の土地建物に対する投資を視野に入れた開発目的の更地の取引が一般的に行われているか。

◇　各試算価格の再吟味

原価法適用における土地価格や建物価格が収益性を反映したものとなっているか等，価格形成要因の反映の整合性に留意する。

⑷　ＤＣＦ法の適用については，今後，さらなる精緻化に向けて自己研鑽に努めることにより，説明責任の向上を図る必要がある。

（実務指針）

不動産鑑定士は，不動産投資において用いられ，あるいは研究されている価格や投資価値等の査定手法を，鑑定評価の手法としてどのように採り入れられるかについて今後，さらに研鑽に努める必要がある。

Ⅱ　**ＤＣＦ法の収益費用項目の統一等**，として，不動産鑑定評価基準は以下のとおり定める。

> (1)　ＤＣＦ法の適用により収益価格を求めるに当たっては，証券化対象不動産に係る収益又は費用の額につき，連続する複数の期間ごとに，次の表の項目（以下「収益費用項目」という。）に区分して鑑定評価報告書に記載しなければならない（収益費用項目ごとに，記載した数値の積算内訳等を付記するものとする）。
>
> 　この場合において，同表の項目の欄に掲げる項目の定義は，それぞれ同表の定義の欄に掲げる定義のとおりとする。

| | 項　目 | 定　義 |
|---|---|---|
| 運営収益 | 貸室賃料収入 | 対象不動産の全部又は貸室部分について賃貸又は運営委託をすることにより経常的に得られる収入（満室想定） |
| | 共益費収入 | 対象不動産の維持管理・運営において経常的に要する費用（電気・水道・ガス・地域冷暖房熱源等に要する費用を含む）のうち，共用部分に係るものとして賃借人との契約により徴収する収入（満室想定） |
| | 水道光熱費収入 | 対象不動産の運営において電気・水道・ガス・地域冷暖房熱源等に要する費用のうち，貸室部分に係るものとして賃借人との契約により徴収する収入（満室想定） |
| | 駐車場収入 | 対象不動産に付属する駐車場をテナント等に賃貸することによって得られる収入及び駐車場を時間貸しすることによって得られる収入 |
| | その他収入 | その他看板，アンテナ，自動販売機等の施設設置料，礼金・更新料等の返還を要しない一時金等の収入 |
| | 空室等損失 | 各収入について空室や入替期間等の発生予測に基づく減少分 |
| | 貸倒れ損失 | 各収入について貸倒れの発生予測に基づく減少分 |
| | 維持管理費 | 建物・設備管理，保安警備，清掃等対象不動産の維持・管理のために経常的に要する費用 |

| | | |
|---|---|---|
| 運営費用 | 水道光熱費 | 対象不動産の運営において電気・水道・ガス・地域冷暖房熱源等に要する費用 |
| | 修繕費 | 対象不動産に係る建物，設備等の修理，改良等のために支出した金額のうち当該建物，設備等の通常の維持管理のため，又は一部がき損した建物，設備等につきその原状を回復するために経常的に要する費用 |
| | プロパティマネジメントフィー | 対象不動産の管理業務に係る経費 |
| | テナント募集費用等 | 新規テナントの募集に際して行われる仲介業務や広告宣伝等に要する費用及びテナントの賃貸借契約の更新や再契約業務に要する費用等 |
| | 公租公課 | 固定資産税（土地・建物・償却資産），都市計画税（土地・建物） |
| | 損害保険料 | 対象不動産及び附属設備に係る火災保険，対象不動産の欠陥や管理上の事故による第三者等の損害を担保する賠償責任保険等の料金 |
| | その他費用 | その他支払地代，道路占用使用料等の費用 |
| 運営純収益 | | 運営収益から運営費用を控除して得た額 |
| 一時金の運用益 | | 預かり金的性格を有する保証金等の運用益 |
| 資本的支出 | | 対象不動産に係る建物，設備等の修理，改良等のために支出した金額のうち当該建物，設備等の価値を高め，又はその耐久性を増すこととなると認められる部分に対応する支出 |
| 純収益 | | 運用純収益に一時金の運用益を加算し資本的支出を控除した額 |

⑵　ＤＣＦ法の適用により収益価格を求めるに当たっては，収益費用項目及びその定義について依頼者に提示・説明した上で必要な資料を入手するとともに，収益費用項目ごとに定められた定義に該当していることを確認しなければならない。

（留意事項）

４．ＤＣＦ法の適用等について

ＤＣＦ法の適用等に当たっては，次に掲げる事項に留意する必要がある。

⑴　収益費用項目及びその定義を依頼者に説明するに当たって，各項目ごとの具体的な積算内訳など不動産の出納管理に関するデータ等と収益費用項目の対応関係を示すなどの工夫により，依頼者が不動産鑑定士に提供する資料の正確性の向上に十分配慮しなければならない。

⑵　収益費用項目においては，信託報酬，特別目的会社・投資法人・ファンド等に係る事務費用，アセットマネジメントフィー（個別の不動産に関する費用は除く）等の証券化関連費用は含まないこと。「純収益」は償却前のものとして求めることとしていることから減価償却費は計上しないことに留意する必要がある。

また，各論第３章第４節Ⅱ⑴の表に定める「運営純収益」と証券化対象不動産に係る一般の開示書類等で見られるいわゆる「ＮＯＩ（ネット・オペレーティング・インカム）」はその内訳が異なる場合があることに留意する必要がある。

⑶　各論第３章第４節Ⅱ⑴の表の収益費用項目のうち「運営純収益」と「純収益」の差額を構成する「一時金の運用益」と「資本的支出」の算出について，「一時金の運用益」の利回りの考え方を付記するとともに，「資本的支出」と「修繕費」の区分については，税務上の整理等との整合性に十分配慮する必要があることに留意しなければならない。

⑷　収益費用項目については，ＤＣＦ法を適用した場合の検証として適用する直接還元法においても，同様に用いる必要がある。

（実務指針）

１．収益費用項目

◇　複数の鑑定評価書の内容の比較が容易に行えるように，証券化対象不動産の鑑定評価におけるＤＣＦ法の適用に当たっての収益費用項目の統一を図っている。

◇　賃貸事務所及び賃貸住宅（以下「賃貸不動産」とよぶ）について，総収益，総費用の構成項目，その定義，入力内容・方法を標準化し，ＤＣＦ法，直接還元法の収益費用項目を定める（基準各論第3章別表2「ＤＣＦ法シート」，実務指針別表2「標準直接還元法シート」参照）。

◇　収益費用項目の定義を，実務指針別表3「収益費用項目表」のとおり定める。

① **全　　体**

| |
|---|
| 運営純収益（ＮＯＩ）＝運営収益－運営費用<br>純収益＝運営純収益＋一時金の運用益－大規模修繕費などの資本的支出 |

② **運営収益**

| |
|---|
| 運営収益＝（貸室賃料収入＋共益費収入＋水道光熱費収入＋駐車場収入<br>＋その他収入）－（空室等損失＋貸倒れ損失） |

a　貸室賃料収入

◇　貸室賃料収入は，賃貸借契約，レントロール，管理運営報告書等に基づき各貸室について総額及び単価を確認する。

◇　貸室賃料収入を見積る場合には，価格時点における賃料（共益費込み）を基本に，対象不動産の過去の改定状況や周辺類似不動産の価格時点における賃料（共益費込み），改定状況を参考として見積る。

◇　賃貸借契約がマスターリースの場合，賃料はマスターリース賃料を用いるが，パススルー形式の場合は，エンドの転借人の賃料が収入となる。

◇　対象不動産が店舗などで賃料に歩合制を加味している場合，歩合部分の見込みについては実績や同業種の営業状況等を分析して査定する。

◇　賃貸借契約にフリーレントが付されている場合，その存否について依頼者へ文書で確認を行い，当該確認の日時や確認相手等についての記録を残しておく。

◇　貸室賃料収入の把握にあたっては，依頼者から入手した賃貸借条件をもとに，市場賃料水準と対象不動産の競争力等を検討し，現行賃料の継続性を判断し将来の変動予測を行う。

◇　対象不動産の賃貸面積については，依頼者からの入手資料を参考に，可能な限り竣工図面等の照合及び現地調査に基づく概測を行い，現況の使用面積との相違の有無の確認や共用部分を含むものであるかどうか等の確認を行う。

b　共益費収入

◇　共益費収入は，賃貸借契約，レントロール，管理運営報告書等に基づき各貸室について総額及び単価を確認する。

◇　貸室賃料収入と別に徴収されている場合には，別に計上し，区別されていない場合には，共益費込み貸室賃料収入に計上する。

◇　共益費収入の将来予測にあたっては，原則として物価安定期には改定を見込まないが，施設更新に伴う改定等の合理的な予定がある場合には，これらを反映して査定する。

c　水道光熱費収入

◇　水道光熱費収入の予測は原則として過年度収支等を参考に行うが，想定する空室率が異なる場合には，想定した空室率に即した収入予測を行う。

◇　水道光熱費収入については，貸室部分にかかるものは共益費収入に計上し，共用部分にかかる場合のみ計上する。

◇　地域冷暖房を採用している場合は，高額であり，かつ，対象不動産の運営方針の違いにより請求額に差異があるために，依頼者に採用の有無，運営方針について確認する。

d　駐車場収入

◇　駐車場収入は，賃貸借契約，レントロール，管理運営報告書等に基づき各駐車部分について総額及び単価を確認する。

◇　月額と時間貸しがある場合には各々の使用料の市場水準や市場動向を把

握する。

e　その他収入

◇　その他収入は，賃貸借契約，レントロール，管理運営報告書等に基づき各賃貸項目について総額を確認する。

◇　その他収入については次のような収入がある。

・アンテナ収入

・看板等の広告施設収入

・自動販売機設置料収入

・礼金，権利金や解約違約金等の一時金収入

◇　その他収入については新所有者における承継の可否等に留意の上，過年度実績を参考にして見積る。

◇　アンテナ収入や看板等の広告施設収入，自動販売機設置料収入については，契約関係の継続性について十分依頼者に確認するとともに，現地調査において対象資産の確認を行う。

f　空室等損失

◇　空室等損失は，現行空室率を参考に，今後の入居の可能性を市場動向，対象不動産の競争力の観点から検討し，予測を行う。

◇　価格時点における空室率が，対象不動産の稼働安定期における空室率と比較して大きく差異がある場合には，空室率の変動を見込む。この際，水道光熱費収入や費用，プロパティマネジメントフィーなどについても，空室率に応じた算定を行う。

g　貸倒れ損失

◇　貸倒れ損失は，現行賃借人の過去の貸倒れ実績及び賃借人の信用力に基づき予測する。

◇　貸倒れ損失は，収益に連動する控除項目として扱うが，当該費用は後日未収金が回収できないことによって発生する。

◇　貸倒れ損失は，賃借人が倒産し，裁判の手続きに入り，契約解除できなくなり，３ヶ月ほどの後，原状回復費用と，未払い賃料を敷金・保証金で

まかなえなくなった事例において発生するのが典型的であり，このような事例の発生確率を考慮することによって査定することもできる。

### ③　運営費用

a　維持管理費

◇　維持管理費は，過去の実績を参考に，今後の管理運営計画，類似不動産の費用水準等の観点から検討し，予測を行う。

◇　維持管理費は，いわゆるＢＭフィー（ビルメンテナンスフィー）であり，清掃費（外壁・共用部分清掃業務等），設備費（ＥＶ保守点検，冷温水発生装置点検，空調機フィルター交換，消防設備点検等），環境衛生費，警備費等がある。

◇　多数の事例を収集し，対象不動産の規模，経年に応じ，できるだけ維持管理費の内訳別に面積単価（賃貸面積又は延面積）によって分析し，依頼者から受領したデーターを検証し，異常値がないか確認する。また，想定する運営収益が得られるような維持管理を行える適正な水準で設定する。

b　水道光熱費

◇　水道光熱費は，過去の実績を参考に，今後の稼働率予測に基づき，建物一棟全体に要する水道光熱費を計上する。

◇　水道光熱費には，水道光熱費収入に対応する費用として計上するものと共用部分にかかる水道光熱費で共益費の一部によってまかなわれるものとがある。

c　修　繕　費

◇　修繕費は，過去の実績を参考に，今後の管理運営計画，類似不動産の費用水準等の観点から検討し，予測を行う。

◇　損益計算上，修繕費として費用処理されるものが対象となるが，大規模修繕費（資本的支出）とは区別される。

◇　居住用賃貸不動産の場合には，賃借人退去時に原状回復等のための修繕費用が必要となることがあるために，これらの支出については過去の実績を参考に見積る。

d　プロパティマネジメントフィー

◇　プロパティマネジメントフィーは，現行の管理運営委託契約書等に基づくフィー水準を前提に，ＰＭ会社の継続性の観点や類似不動産の費用水準等の観点から検討し，予測を行う。

◇　広義のプロパティマネジメント（ＰＭ）はＢＭ（ビルメンテナンス：狭義のＰＭ），ＣＭ（コンストラクションマネジメント，中長期的な改修・修繕計画の策定・実施），ＬＭ（リーシングマネジメント，テナント誘致・契約・テナント管理等）の管理統轄業務で，ＰＭフィーは，ＢＭフィー，ＣＭフィー，ＬＭフィーに分類できる。

e　テナント募集費用等

◇　賃借人の標準的な交替周期を査定し，仲介手数料相当額（月額賃料相当）を計上する。ただし，賃貸市場の動向を鑑み，賃貸人負担分を査定する。

◇　契約期間中の賃料徴収や賃料改定等に関する費用は，プロパティマネジメントフィーとして計上する。

f　公租公課

◇　固定資産税等，対象不動産を課税対象とし，所有者負担となる公租公課について査定する。

◇　固定資産税，都市計画税：建物について，同額か，「経年減点補正率」等により予測する。また，各種軽減措置を将来予測に反映させる。

◇　償却資産に対する公租公課：所有者の償却資産リストによって確認し，それに対応する公租公課を求める。

◇　事業所税：通常，事業主（賃借人）が負担するものなので，原則として費用として計上しない。

g　損害保険料

◇　価額協定特約の有無，免責額等により異なるが，標準的な付保額，保険料を参考として，現状の付保額，保険料に基づいて査定する。

◇　地震保険は，原則として費用に含めない。

h　その他費用

◇　支払地代：借地契約の内容について確認し，将来の推移について予測する。

◇　道路占有使用料：今後の看板設置の継続性等及び現地調査における看板の設置状況と使用料の確認を行う。

◇　管理組合費：管理組合で確認する。

◇　修繕積立金：管理組合で確認する。

**④　一時金（預かり金）の運用益**

◇　ＤＣＦ法等における一時金（預かり金）の運用益は，実際の授受の期に計上する方法ではなく，運用益を計上する方法によることを原則とし，運用利回りの考え方及び査定根拠を鑑定評価報告書に記載する。

◇　ＤＣＦ法の保有期間中における運用利回りは，賃貸借契約等による預かり金の運用制約の程度を勘案して，短期の運用利回り水準を基本とする。

◇　直接還元法及びＤＣＦ法の復帰価格査定において収益費用の標準化を前提とする場合は，超長期における標準的な運用利回り水準を基本に，預かり金の長期拘束性の程度等を考慮して査定する。

**⑤　資本的支出（大規模修繕費）**

◇　エンジニアリング・レポート記載の長期修繕更新費等の修繕費を分析し，運営費用を構成する修繕費に含まれない資本的支出に相当する額を計上する。

◇　ある特定期間における大規模修繕は必ずしも当該期に発生するものではないと判断される場合には，修繕引当金又は修繕積立金的に考え，年平均額を計上し，原則として保有期間により平準化する。

◇　資本的支出予測の前提として，現在までの大規模修繕の履歴を確認する。

**⑥　アセットマネジメントフィー等**

◇　不動産証券化に伴う信託報酬やＳＰＣ等の管理費用，アセットマネジメントフィーは，いずれも不動産に関する固有のコストではなく，いずれも信託受益権を活用したり，ＳＰＣ等を活用したり，資産入れ替え期に近い運用をしたりしたために発生する費用であり，総費用には見込めない。

◇　実質的に対象不動産の維持管理費，修繕費，プロパティマネジメントフィー等と判断される場合には，当該費用については総費用に含む。

### Ｂ　直接還元法の適用による検証

評価対象不動産が満室の状態にある場合の潜在総収益（実現可能総収益）から空室等損失及び貸倒れ損失を控除した運営収益を求める。これから運営費用を控除して運営純収益を算出し，さらに，当該運営純収益に一時金の運営益及び資本的支出を加減して純収益を求め，これを還元利回りで還元して収益価格を査定する。

ＤＣＦ法による収益価格も直接還元法による収益価格も理論的には同一水準となるので，２つの手法に大きな開差が生じた場合には，手法の適用過程に誤りがないかの再吟味を必要とする。

純収益の査定に当たっては，レントロール等に基づく当初の実際賃料と市場賃料との比較，将来の需給動向と賃料の推移，稼働率等を考慮して，直接還元法は中長期的に安定した水準を採用し，ＤＣＦ法は適切な変動予測に基づく水準を採用しているかを検討する。

一般に，直接還元法の還元利回りは，最も投資リスクが低い不動産の利回りを基準として，評価対象不動産の立地条件，建物条件（築年数，延床面積，設備水準等），その他の条件（現行賃料の市場賃料に対する水準・契約条件・土地及び建物の権利関係等）に起因するスプレッドを加減して査定するが，ＤＣＦ法の割引率は，還元利回りに含まれる変動予測と予測に伴う不確実性のうち，収益見通しにおいて考慮された連続する複数の期間に発生する純収益や復帰価格の変動予測に係るものを除いたものであることを考慮して査定する，という点が十分に反映されているかを検討する。

# 第6章

# 証券化対象不動産の鑑定評価の適正な手順

証券化対象不動産の鑑定評価の適正性を判断する基準としては，前記国土交通省の「処分基準」が最も適している。そのなかでも，以下のとおり鑑定評価の手順が適正に行われていることが肝要である。

## 1　鑑定評価の基本的事項の確定

鑑定評価の基本的事項は，通常，鑑定評価の依頼目的，条件等に伴って定まるものであるから，依頼目的が不動産証券化であることを具体的に確認し，条件等が不動産証券化に合致していることを明瞭にする必要がある。

### (1)　対象不動産の確定

対象不動産が，不動産証券化に該当する不動産であることを確定するために，鑑定評価基準は，「証券化対象不動産の範囲」として，次のいずれかに該当する不動産取引の目的である不動産又は不動産取引の目的となる見込みのある不動産（信託受益権に係るものを含む）を定める。

> ①　資産の流動化に関する法律に規定する資産の流動化並びに投資信託及び投資法人に関する法律に規定する投資信託に係る不動産取引並びに同法に規定する投資法人が行う不動産取引
> ②　不動産特定共同事業法に規定する不動産特定共同事業契約に係る不動

産取引
③　金融商品取引法第２条第１項第５号，第９号（専ら不動産取引を行うことを目的として設置された株式会社（会社法の施行に伴う関係法律の整備等に関する法律第２条第１項の規定により株式会社として存続する有限会社を含む。）に係るものに限る。），第14号及び第16号に規定する有価証券並びに同条第２項第１号，第３号及び第５号の規定により有価証券とみなされる権利の債務の履行等を主たる目的として収益又は利益を生ずる不動産取引

### ⑵　価格時点の確定

不動産の鑑定評価を行うに当たっては，不動産の価格の判定の基準日（「価格時点」という）を確定する必要がある。価格時点は，一般に鑑定評価を行った年月日（鑑定評価額の最終決定に到達した日付）を基準として，現在の場合（現在時点）のほか，対象不動産の確認等が可能である場合に限って過去の時点（過去時点）が採用できるが，将来の場合（将来時点）は，不確実性が強いので，原則として採用できない。

証券化対象不動産の鑑定評価における価格時点は，現況評価の観点から実地調査を行った日（実査日）とすることを原則とする。ただし，不動産の変動状況を考慮し，過去時点となる場合は実査日から１ヶ月以内，将来時点となる場合は実査日から１週間以内で設定できるものとする。

### ⑶　求める価格の種類の確定

不動産の鑑定評価において原則として求める価格の種類は「正常価格」であるが，資産の流動化に関する法律又は投資信託及び投資法人に関する法律に基づく評価目的の下で，投資家に示すための投資資産価値を表す価格を求める場合は，「特定価格」である。

不動産鑑定評価基準においては，「正常価格」と「特定価格」を次のとおり定義している。

「正常価格」は,「市場性を有する不動産について，現実の社会経済情勢の下で合理的と考えられる条件を満たす市場で形成されるであろう市場価値を表示する適正な価格」である。

「特定価格」は,「市場性を有する不動産について，法令等による社会的要請を背景とする評価目的の下で，正常価格の前提となる諸条件を満たさない場合における不動産の経済価値を適正に表示する価格」であり，特に証券化対象不動産の鑑定評価において求める「特定価格」については,「投資法人，投資信託又は特定目的会社（投資法人等）に係る特定資産としての不動産の取得時又は保有期間中の価格として投資家に開示されるされることを目的に，投資家保護の観点から対象不動産の収益力を適切に反映する収益価格に基づいた投資採算価値を求める必要がある」と定められている。

したがって，不動産の証券化に関連して鑑定評価で求める価格の種類は，次のとおりである。

| 依頼時期 | 依　頼　目　的 | 求める価格の種類 |
|---|---|---|
| 取　得　時 | 不動産証券化 | 特　定　価　格 |
| 保　有　時 | 証券化対象不動産の保有時の資産評価 | 特　定　価　格 |
| 譲　渡　時 | 証券化対象不動産の売却 | 正　常　価　格 |

## 2　処理計画の策定

### (1)　処理計画の策定

処理計画の策定に当たっては，確定された鑑定評価の基本的事項に基づき，実施すべき作業の性質及び量，処理能力等に応じて，処理計画（対象不動産の確認，資料の収集及び整理，資料の検討及び価格形成要因の分析，鑑定評価方式の適用，試算価格又は試算賃料の調整，鑑定評価額の決定等鑑定評価の作業に係る処理計画）を秩序的に策定しなければならない。

### ⑵　処理計画の策定に当たっての確認事項

鑑定評価基準では，証券化対象不動産の鑑定評価における処理計画に当たっては，あらかじめ，依頼者に対し，次の事項を確認するものと定める。この場合において，確認された事項については，処理計画に反映するとともに当該事項に変更があった場合にあっては，処理計画を変更するものとしている。

①　鑑定評価の依頼目的及び依頼が必要になった背景
②　対象不動産が前記１⑴「証券化対象不動産の範囲」に定める①から③のいずれに係るものであるかの別
③　エンジニアリング・レポートの主な項目及び入手時期
④　ＤＣＦ法等を適用するために必要となる資料その他の資料の主な項目及び入手時期
⑤　エンジニアリング・レポートの作成者からの説明の有無
⑥　対象不動産の内覧の実施を含めた実地調査の範囲
⑦　その他処理計画の策定のために必要な事項

### ⑶　確認事項の記録

鑑定評価基準は，処理計画の策定に当たっての事項の確認を行った場合には，それぞれの次の事項に関する記録を作成し，及び鑑定評価報告書の附属資料として添付しなければならないとしている。

①　確認を行った年月日
②　確認を行った不動産鑑定士の氏名
③　確認の相手方の氏名及び職業
④　確認の内容及び当該内容の処理計画への反映状況
⑤　確認の内容の変更により鑑定評価の作業，内容等の変更をする場合にあっては，その内容

（留意事項）

依頼者から鑑定評価を適切に行うための資料の提出等について依頼者と交渉を行った場合には，その経緯を確認事項として記録しなければならない。また，確認事項の記録を鑑定評価報告書の附属資料として添付することとしているが，鑑定評価書への添付までを求めるものではないが，同記録は不動産の鑑定評価に関する法律施行規則第38条第２項に定める資料として保管されなければならない。

### ⑷　期中経過の記録

エンジニアリング・レポート及びＤＣＦ法等を適用するために必要となる資料等の入手が複数回行われる場合並びに対象不動産の実地調査が複数回行われる場合にあっては，各段階ごとの確認及び記録が必要である（留意事項）。

## 3　依頼者と証券化関係者との関係

証券化不動産の鑑定評価においては，依頼者の証券化関係者の中での位置づけ（依頼者が証券化対象不動産の証券化手続きにどのように係わっているのか）を確認するために，依頼者が証券化関係者のいずれであるかの別を明確にし，依頼者とその他の証券化関係者との資本関係や取引関係，その他特別の利害関係を把握することが必要である。

したがって，鑑定評価基準は次のように定めている。

証券化対象不動産については，関係者が多岐にわたり利害関係が複雑であることも多く，証券化対象不動産の鑑定評価の依頼目的及び依頼が必要となった背景等並びに依頼者と証券化対象不動産の利害関係に関する次の事項を鑑定評価報告書に記載しなければならない。

①　依頼者が証券化対象不動産の証券化に係る利害関係者（オリジネーター，アレンジャー，アセットマネジャー，レンダー，エクイティ投資家又は特

別目的会社・投資法人・ファンド等）のいずれであるかの別
② 依頼者と証券化関係者との資本関係又は取引関係の有無及びこれらの関係を有する場合にあっては，その内容
③ その依頼者と証券化関係者との特別な利害関係を有する場合にあっては，その内容

## ⑴ 証券化関係者の判別

依頼者が次の証券化関係者のいずれであるかの別を明確にする。

| | |
|---|---|
| オリジネーター | 証券化する不動産の原所有者 |
| アレンジャー | 不動産証券化のためのストラクチャー全体を検討し，証券化を実現させるための基本的な枠組みをオリジネーター，投資家，レンダー等の関係者と協議しながら構築する専門家 |
| アセットマネジャー | 証券化された不動産を管理，運営する業務を行う専門家 |
| 信託受託者 | 不動産証券化に関連する多くの業務を受託する専門機関 |
| レンダー | 投資家のうち，主にノンリコース・ローンを実行する金融機関 |
| そ の 他 | 社債権者，エクイティ投資家，特別目的会社，特定目的会社，投資法人，ファンド |

## ⑵ 証券化スキーム

証券化スキーム（図）に着目して，依頼者と証券化関係者との関係を把握する。

### ① 資産流動化法に基づくＴＭＫスキーム

特定資産を保有し証券を発行するビークル（特別目的事業体）として資産流動化法に規定する特定目的会社（ＴＭＫ）を用いる証券化スキーム

図表２－６－１

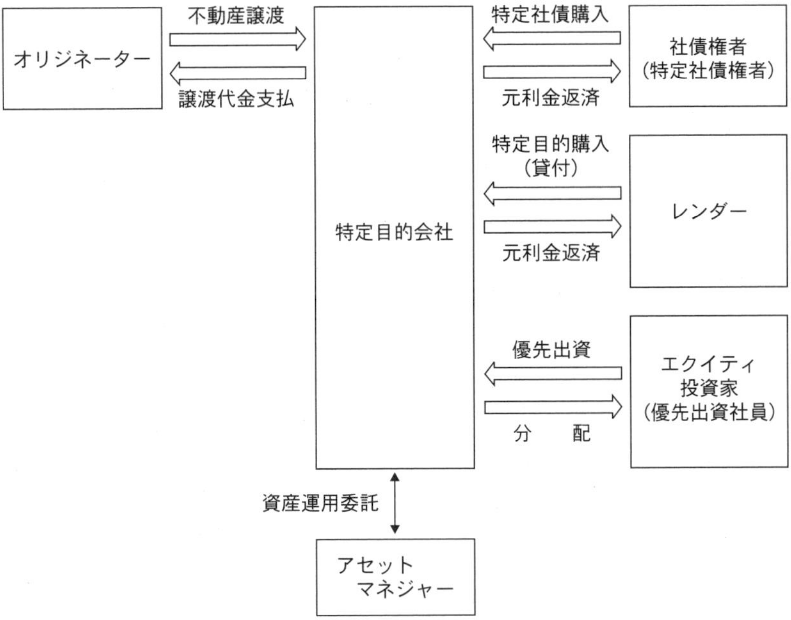
オリジネーター
不動産譲渡
譲渡代金支払
特定目的会社
特定社債購入
元利金返済
社債権者
（特定社債権者）
特定目的購入
（貸付）
元利金返済
レンダー
優先出資
分　配
エクイティ
投資家
（優先出資社員）
資産運用委託
アセット
マネジャー

### ②　投資法に基づくＪリートスキーム

ビークルとして投信法に規定する投資法人を用いる証券化スキーム

図表２－６－２

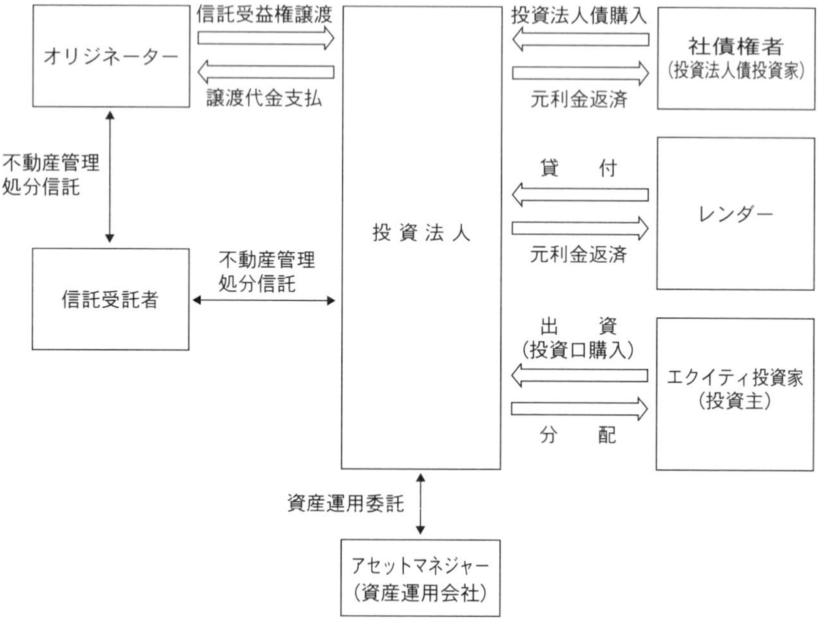

### ③　金融商品取引法に基づくＧＫ－ＴＫスキーム

ビークルとして会社法に規定する合同会社（ＧＫ）を用い，エクイティ投資家からの出資として匿名会社（ＴＫ）契約を用いる証券化スキーム

図表２－６－３

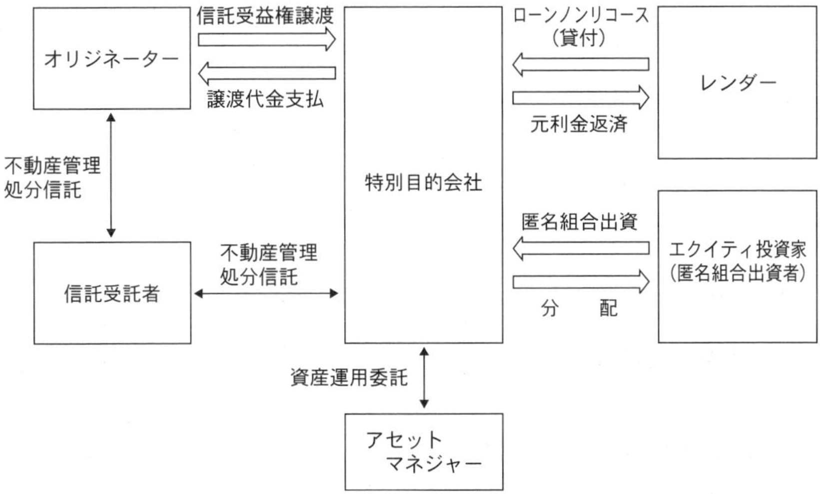


### ④　不動産特定共同事業法に基づく不動産特定共同事業スキーム

不動産特定共同事業者（不動産会社等）が自ら資産（現物不動産）を保有して不動産特定共同事業を営む証券化スキーム

## 4　対象不動産の確認

依頼者の立会の下，対象不動産の内覧の実施を含めた実地調査を行うとともに，対象不動産の管理者からの聴聞，公的資料の確認等により権利関係，公法上の規制，アスベスト等の有害物質，耐震性及び増改築等の履歴等に関し鑑定評価に必要な事項を確認しなければならない。

## (1)　確認の区分

「**物的確認**」について，不動産鑑定評価基準は次のとおり行うものとしている。

> 対象不動産の物的確認に当たっては，土地についてはその所在，地番，数量等を，建物についてはこれらのほか家屋番号，建物の構造，用途等を，それぞれ実地に確認することを通じて，確定された対象不動産の存否及びその内容を，確認資料を用いて照合しなければならない。
>
> また，物的確認を行うに当たっては，対象不動産について登記簿等において登記又は登録されている内容とその実態との異同について把握する必要がある。

建物に関する物的確認について，次のような具体的事項が指摘できる。

① 建物等の内部調査

大規模事務所ビル・ホテル・旅館・ゴルフ場のクラブハウスなどでは，特に建物内部の仕上げの程度や機械設備の維持管理の状況等が建物の市場性・収益性を左右するので，建物の内部調査は必須である。

② 確認資料との一致

・登記内容との一致

・確認通知書（建築基準法第6条第8項）の有無，及び内容の一致

・確認済証（同法第6条第1項）の有無，及び内容の一致

・検査済証（同法第7条第5項）の有無，及び内容の一致

③ 確 認 事 項

ア　増築・改築・移築の有無

有の場合，同一性が認められるか

イ　建物の滅失・一部取壊しの有無

有の場合，旧登記簿が残存していないか

ウ　違反建築物か否か

・登記では法令に違反している建物であっても，確実に違法状況を取

り除くことができたり，利用，処分の許可が得られることが確認でき，市場性が大幅に回復する場合があること

・保安上の危険性及び衛生上の有害性が著しいことを明確に認め得るとき（例えば道路斜線，日影，構造等の建物の技術的事項は判別困難なことが少なくない）は，その改善に要する費用及び難易度

・大規模建築物及び特殊建築物（建築基準法第２条第２項）については，特に建築基準法のほか，政省令通達等に適合するか

エ　既存不適格建築物か否か

・建築基準法施行前の建築物

・道路買収などで敷地面積が減少し容積率オーバーになった建築物

オ　有害物質の有無

・アスベスト，ＰＣＢ等有害物質の有無

・除去費用，及び建物取壊費用への影響

カ　所有物の異なる設備等の有無

建物に設置された造作・設備等にリース物件等がないか

キ　未登記建物等の有無

・対象不動産について未登記建物が存在する場合，その建物が独立建物か，付属建物か，従たる建物か，区分所有建物かについて，現地確認を行い的確に対象不動産を確定すべきこと

・主従関係の明確でない建物を一つの建物とするか，付属建物とするかは，その建物の接着，連絡設備等の物理的状況のみならず，所有者の意思によって決定されるが，独立した建物となるか，主物従物の関係になるのか，現地の状況により判断すべきこと。

ク　そ　の　他

・ガソリンスタンドの地下タンク等

・対象建物の他人地への越境の有無等

「**権利の態様の確認**」について，不動産鑑定評価基準は次のとおり行うものとしている。

> 権利の態様の確認に当たっては，物的に確認された対象不動産について，当該不動産に係るすべての権利関係を明瞭に確認することにより，確定された鑑定評価の対象となる権利の存否及びその内容を，確認資料を用いて照合しなければならない。

対象不動産をテナントに賃貸している場合，次のようなことに留意して，**賃貸借契約の内容を確認**する必要がある。

①　契約の目的

例えば，事務所としての利用を目的とする建物賃貸借であること

②　確認に用いた資料

例えば，建物賃貸借契約書，レントロール（テナントとの賃貸借状況を一覧にまとめたもの），立会者の口頭説明など

③　賃借人・賃貸人

④　賃貸借期間・月額支払賃料・一時金等

⑤　特約・その他

・賃借権の譲渡，転貸の禁止

・契約終了時の原状回復義務　など

証券化対象不動産における賃貸借契約では，賃貸人が対象不動産の所有者となる信託受益者，賃借人が個々のエンドテナントになる。また，テナントが多数になる不動産（賃貸マンション等）や，複数不動産を対象とする場合等では，マスターレッシー（ＭＬ）と呼ばれる転貸人がまとめて対象不動産を賃借し，エンドテナントにさらに転貸借するケースが多く見られる。この場合に，信託受託者とマスターレッシーとの間で締結される契約が**マスターリース契約**である。

図表２－６－４

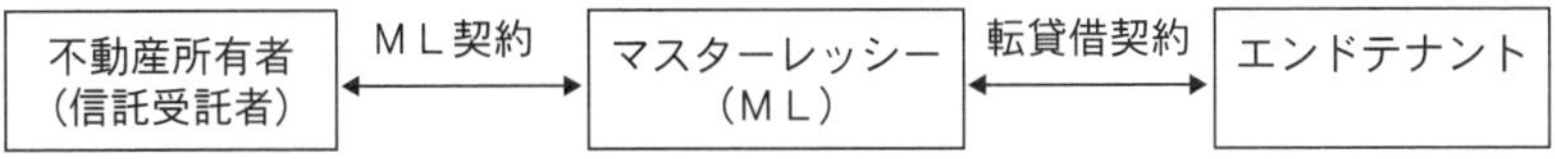


### (2)　確認の方法

対象不動産の物的確認及び権利の確認は，実地調査，聴聞，公的資料の確認等により，的確に行う必要がある。

「**実地調査**」について，不動産鑑定評価基準では，次のとおり定める。

> 不動産鑑定士は，実地調査に関し，次の事項を鑑定評価報告書に記載しなければならない。
>
> ①　実地調査を行った年月日
>
> ②　実地調査を行った不動産鑑定士の氏名
>
> ③　立会人及び対象不動産の管理者の氏名及び職業
>
> ④　実地調査を行った範囲（内覧の有無を含む。）及び実地調査により確認した内容
>
> ⑤　実地調査の一部を実施することができなかった場合にあっては，その理由

## 5　資料の収集及び整理・検討

### (1)　鑑定評価に必要な資料

不動産鑑定評価基準は次のとおり定める。

> Ⅰ　確 認 資 料
>
> 確認資料とは，不動産の物的確認及び権利の態様の確認に必要な資料をいう。確認資料としては，登記簿謄本，土地又は建物等の図面，写真，不動産の所在地に関する地図等があげられる。

Ⅱ　要 因 資 料

要因資料とは，価格形成要因に照応する資料をいう。要因資料は，一般的要因に係る一般資料，地域要因に係る地域資料及び個別的要因に係る個別資料に分けられる。一般資料及び地域資料は，平素からできるだけ広くかつ組織的に収集しておくべきである。個別資料は，対象不動産の種類，対象確定条件等案件の相違に応じて適切に収集すべきである。

Ⅲ　事 例 資 料

事例資料とは，鑑定評価の手法の適用に必要とされる現実の取引価格，賃料等に関する資料をいう。事例資料としては，建設事例，取引事例，収益事例，賃貸借等の事例等があげられる。

なお，鑑定評価先例価格は鑑定評価に当たって参考資料とし得る場合があり，売買希望価格等についても同様である。

### ⑵　鑑定評価におけるエンジニアリング・レポート（ＥＲ）の活用

不動産鑑定評価基準では，次のとおり定める。

証券化対象不動産の鑑定評価に当たっては，不動産鑑定士は，依頼者に対し当該鑑定評価に際し必要なエンジニアリング・レポートの提出を求め，その内容を分析・判断した上で，鑑定評価に活用しなければならない。ただし，エンジニアリング・レポートの提出がない場合又はその記載された内容が鑑定評価に活用する資料として不十分であると認められる場合（例えば，既に鑑定評価が行われたことがある証券化対象不動産を再評価する場合，証券化対象不動産が更地である場合等）には，エンジニアリング・レポートに代わるものとして不動産鑑定士が調査を行うなど鑑定評価を適切に行うため対応するものとし，対応した内容及びそれが適切であると判断した理由について，鑑定評価報告書に記載しなければならない。

エンジニアリング・レポートの内容を鑑定評価に活用するか否かの検討に当たっては，不動産鑑定士のその判断及び根拠について，次に掲げる内容を鑑定評価報告書に記載しなければならない，としている。

①　エンジニアリング・レポートの基本的属性
・エンジニアリング・レポートの作成者の名称等
・エンジニアリング・レポートの調査が行われた日及び作成された日
②　エンジニアリング・レポートの入手経緯，対応方針等
・入手先（氏名及び職業等）
・入手した日
・エンジニアリング・レポートの作成者からの説明の有無等
・入手したエンジニアリング・レポートについて鑑定評価を行う上での対応方針等
③　鑑定評価に必要となる専門性の高い個別的要因に関する調査
下記に掲げる専門性の高い個別的要因に関する調査について，エンジニアリング・レポートを活用するか又は不動産鑑定士の調査を実施（不動産鑑定士が他の専門家への調査を依頼する場合を含む。）するかの別
・公法上及び私法上の規制，制約等（法令遵守状況調査を含む。）
・修繕計画
・再調達価格
・有害な物質（アスベスト等）に係る建物環境
・土壌汚染
・地震リスク
・耐震性
・地下埋設物
④　鑑定評価に必要となる専門性の高い個別的要因に関する調査についての不動産鑑定士の判断
・専門性の高い個別的要因調査に関する対応について，エンジニアリン

グ・レポートの記載内容を活用した場合，不動産鑑定士の調査で対応した場合等の内容，根拠等

さらに，エンジニアリング・レポートに関する研鑽が必要であるとしている。

エンジニアリング・レポートについては，不動産証券化市場の環境の変化に対応してその内容の改善・充実が図られていくことにかんがみ，エンジニアリング・レポートを作成する者との密接な連携を図りつつ，常に自らのエンジニアリング・レポートに関する知識・理解を深めるための研鑽に努めなければならない

その点に関し，㈳日本不動産鑑定協会においては，不動産鑑定士に対し当該実務研修を実施しているところである。

## 6　価格形成要因の分析

不動産鑑定評価基準では，価格形成要因の分析について，次のとおり定めている。

価格形成要因の分析に当たっては，収集された資料に基づき，一般的要因を分析するとともに，地域分析及び個別分析を通じて対象不動産についてその最有効使用を判定しなければならない。

### ⑴　一般的要因の分析

一般的要因の主なものについて，不動産鑑定評価基準では，次のようなものを例示としているが，証券化対象不動産の属する市場は，金利等のマクロ経済の変動に大きく影響を受けることから，賃料，空室率，利回り，不動産価格，建築費，建築着工面積，ストック面積などの指標を経済成長（ＧＤＰ）や金利の動き，景気循環等との関連で分析するのが望ましい。

Ⅰ　自然的要因
　1．地質，地盤等の状況
　2．土壌及び土層の状態
　3．地勢の状態
　4．地理的位置関係
　5．気象の状態
Ⅱ　社会的要因
　1．人口の状態
　2．家族構成及び世帯分離の状態
　3．都市形成及び公共施設の整備の状態
　4．教育及び社会福祉の状態
　5．不動産の取引及び使用収益の慣行
　6．建築様式等の状態
　7．情報化の進展の状態
　8．生活様式等の状態
Ⅲ　経済的要因
　1．貯蓄，消費，投資及び国際収支の状態
　2．財政及び金融の状態
　3．物価，賃金，雇用及び企業活動の状態
　4．税負担の状態
　5．企業会計制度の状態
　6．技術革新及び産業構造の状態
　7．交通体系の状態
　8．国際化の状態
Ⅳ　行政的要因
　1．土地利用に関する計画及び規制の状態
　2．土地及び建築物の構造，防災等に関する規制の状態

3．宅地及び住宅に関する施策の状態
4．不動産に関する税制の状態
5．不動産の取引に関する規制の状態

### ⑵ 市場分析

証券化対象不動産の鑑定評価においては，以下の事項について十分な市場分析を行ったうえで，それらが不動産投資市場の市場参加者の行動にどのような影響を及ぼしているか，また今後及ぼす影響があるかについて分析する必要がある。

① 一般的な不動産投資・不動産証券化市場における市況感

投資用不動産の需給動向，ファンド等の参入，投資家の要求する利回り，資金調達環境等。

② 市場参加者

対象不動産は，資金力のあるファンド会社等しか買えないような高額不動産か，中小規模の不動産会社や個人でも購入できるような不動産か，等。

③ 同一需給圏

対象不動産の想定される主要な需要者が比較検討する不動産は，どのような地域，用途，規模の不動産か。郊外のショッピングセンター，大規模なマンション，ホテルなどで，周辺の不動産と規模，用途が異なる不動産の場合はどうなるのか。

④ 投資適格性の水準

対象不動産について想定される主要な需要者が求める，対象不動産の物的及び法的状況，特に土地建物の違法性，環境問題（土壌汚染，アスベスト等），地震リスク等の観点から，投資適格性の水準を調査する必要がある。

### ⑶ 地域要因の分析

地域分析について，不動産鑑定評価基準は，次のように定める。

> 地域分析とは，その対象不動産がどのような地域に存するか，その地域はどのような特性を有するか，また，対象不動産に係る市場はどのような特性を有するか，及びそれらの特性はその地域内の不動産の利用形態と価格形成について全般的にどのような影響力を持っているかを分析し，判定することをいう。

> 地域分析に当たって特に重要な地域は，用途的観点から区分される地域「用途的地域」，すなわち近隣地域及びその類似地域と，近隣地域及びこれと相関関係にある類似地域を含むより広域的な地域，すなわち同一需給圏である。

> 同一需給圏とは，一般に対象不動産と代替関係が成立して，その価格の形成について相互に影響を及ぼすような関係にある他の不動産の圏域をいう。

> 同一需給圏は，不動産の種類，性格及び規模に応じた需要者の選好性によってその地域的範囲を異にするものであるから，その種類，性格及び規模に応じて需要者の選好性を的確に把握した上で適切に判定する必要がある。

例えば，規模・用途・品等などについてＪ－ＲＥＩＴを含む機関投資家の投資対象としての適格性を備える不動産については，そのような投資家が典型的な需要者となると認められ，当該不動産と代替・競争等の関係にある不動産が存する地理的範囲である同一需給圏は広域となる傾向がある。したがって，このような場合には，地域分析において同一需給圏（サブマーケット）を特定し，不動産の需給状況や価格・賃料の動き等を分析する必要がある。

| 近隣地域の範囲 | | 行政区域や都市計画法の土地利用規制等 |
|---|---|---|
| 地域要因 | 街路条件 | 街路の幅員・構造(舗装の有無・歩道付きの有無など)・種類系統・連続性 |
| | 交通接近条件 | 最寄り駅（最寄りバス停など）からの距離，運行間隔<br>都心への接近性 |
| | 環境条件 | 自然的条件（地勢等）<br>供給処理施設（上水道・下水道・ガス等）<br>危険・嫌悪施設　自然的災害　公害<br>土地利用の状況 |
| | 行政的条件 | 用途地域（商業地域・住居地域など）　防火地域の有無<br>建ぺい率　容積率　高さ制限　日照規制<br>地区指定(高度利用地区・駐車場整備地区など) |
| | 標準的画地 | 接面道路の幅員・構造・種類・方位，間口・奥行・規模・形状<br>標準的使用 |
| | その他 | 地域の特性を際立たせる要因 |
| 地域要因の変動の予測 | | 現状維持か地域を変動させる要因の有無，将来の変動の可能性 |

### (4)　個別的要因の分析

不動産鑑定評価基準では，個別的要因の分析（個別分析）について，次のとおり定める。

> 個別的要因は，対象不動産の市場価値を個別的に形成しているものであるため，個別的要因の分析においては，対象不動産に係る典型的な需要者がどのような個別的要因に着目して行動し，対象不動産と代替，競争等の関係にある不動産と比べた優劣及び競争力の程度をどのように評価しているかを的確に把握することが重要である。

個別的要因は，一般に宅地（住宅地，商業地，工業地）に関するもの，建物に関するもの，建物及びその敷地に関するものに区分されるが，証券化対象不動産の鑑定評価においては，特に当該鑑定評価に必要となる専門性が高い個別的要因を次のとおり例示している。

・公法上及び私法上の規制，制約等（法令遵守状況を含む）
・修繕計画
・再調達価格
・有害な物質（アスベスト等）に係る建物環境
・土壌汚染
・地震リスク
・耐震性
・地下埋設物

| 宅地の個別的要因 | |
|---|---|
| 街路条件 | 街路の幅員・構造（舗装の有無・歩道付きの有無など）・種類<br>系統・連続性 |
| 交通接近条件 | 最寄り駅（最寄りバス停など）からの距離，運行間隔<br>都心への接近性 |
| 環境条件 | 地勢・地盤（崖地・法地・傾斜地・低湿地・土盛造成済・造成を要するなど）<br>日照・通風　眺望・景観等<br>隣接不動産の状況<br>立地（交差点に接面，駅前広場に接面，公園に接面等）<br>供給処理施設（上水道・下水道・ガス等）<br>騒音・振動等の有無<br>電波障害の有無<br>危険・嫌悪施設の有無<br>土地利用の状況 |
| 行政的条件 | 用途地域（商業地域・住居地域など）　防火地域の有無<br>基準建ぺい率　基準容積率　高さ制限　日照規制<br>地区指定（高度利用地区・駐車場整備地区など）<br>容積率の増減(特定街区・一団地認定・総合設計既存不適格など)<br>道路敷地を含む（セットバックを要する。都市計画道路予定地を含む。道路提供部分を含む。）<br>建築安全条例（路地状敷地，接面長，長屋，特殊建築物，窓先空地（共同住宅）など）<br>住宅付置に関する指導要綱　　駐車場付置義務<br>開発指導要綱に基づく制限（公園・緑地の提供，負担金・分担 |

| | |
|---|---|
| 行政的条件 | 金の提供）<br>大規模小売店舗<br>工場の制限に関する法律<br>工場立地法による緑地<br>建築基準法上の道路に接面しない画地 |
| 画地条件 | 規模・間口・奥行・形状<br>接面道路との関係（角地・二方路地・三方路地・方位・高低・袋地・無道路地など）<br>地下埋設物の有無<br>土壌汚染の有無 |
| その他（私法上の制約・権利） | 地役権（通行地役権，用水地役権等）<br>高圧線下地（地役権）<br>地下鉄道上の画地（区分地上権）<br>高架下地（鉄道，道路等）<br>駐車場の利用権<br>専用庭使用権<br>専用引込線（鉄道）の有無<br>専用バースの有無<br>動力資源の状態 |
| 最有効使用 | 例えば，高層事務所地，低層店舗地，中層共同住宅地等 |

| **建物の個別的要因** | |
|---|---|
| 建築（新築，増改築又は移転時期） | 建物の建築時点は，建築コストのレベルや経年による物理的損耗の程度に影響し，増改築時点は建築寿命の延長又は効用増加の程度に影響する。 |
| 面積 | 建物の面積は，建築面積，延べ面積であらわされる。面積は建物の高さと均衡が保たれているとともに環境に適合しているか否かが影響する。 |
| 構造 | 建物の構造は，次のように区分される。<br>(ア)　主たる構成材料による区分<br>木造，土蔵造，石造，煉瓦造，コンクリートブロック造，鉄骨造，鉄筋コンクリート造，鉄骨鉄筋コンクリート造等<br>(イ)　屋根の種類による区分<br>草葺，スレート葺，亜鉛メッキ鋼板葺，瓦葺，陸屋根等<br>(ウ)　階層数による区分<br>低層建物（平屋建，２階建，３階建），中層建物（４～５階建程度），高層建物（６階建以上），超高層建物（一般 |

| | |
|---|---|
| | には軒高100メートル以上の建物をいう。）<br>以上の諸区分の組合せによって，例えば建物の構造は木造瓦葺２階建というように言いあらわされるが，建物の構造の相違は，建物の強度，耐火性，耐震性，耐用年数等を左右し，建物価格に影響を与える。 |
| 資　材 | 建築資材，例えばセメント，鋼材，石材，木材，屋根瓦，金物類等の品質の良否，それらの数量等は建物価格に影響を与える。<br>使用資材は，次の部分別に分類される。<br>主体，屋根，外壁，建具<br>〔共用部分〕内壁，床<br>〔専用部分〕内壁，天井，床 |
| 有害物質使用の有無とその状況 | 建設資材としてアスベストの使用の有無及び飛散防止等の措置の実施状況並びにポリ塩化ビフェニル（ＰＣＢ）の使用状況及び保管状況に特に留意する必要がある。 |
| 付　帯　設　備 | 建物の設備等の良否は，建物の収益性，利便性，快適性に関係して建物価格に影響を及ぼす。電気，ガス，給排水，冷暖房，エレベーター等の設備は必要なものが配置されているか等を検討する必要がある。<br>具体的には，基準階面積，階高，床荷重，情報通信対応設備の状況，空調設備の常用，電気容量等に特に留意する必要がある。<br>〔共用部分〕電気設備，空調設備，防災設備，昇降設備<br>〔専用部分〕エアコン，ガスコンロ，インターホン，ユニットバス（洗面台付き），バス・トイレ別，CATVなど |
| 設　計　・　意　匠 | 建物の設計等の良否は，建物の収益性，利便性，快適性に関係して建物価格に影響を及ぼす。すなわち，建物の設計は，その用途（住宅，店舗，事務所等）にふさわしいものであるか，設計の具体的内容である各室の間取り，採光，通風等は良好であるか，外観のデザインは環境にマッチしたものであるか，等を検討する必要がある。 |
| 施　工　の　質　と　量 | 建物の施工と質と量は，建物の品等，耐用年数等を左右し，建物価格に影響を与える。 |
| 耐震性，耐火性等建物の性能 | 建物の耐震性については，建築基準法に基づく耐震基準との関係について特に留意する必要がある。また，建物の構造の安定，火災時の安全，劣化の軽減，維持管理への配慮，温熱環境，空気環境，光・視環境，音環境，高齢者等への配慮に関する事項については，住宅の場合，住宅の品質確保の促進等に関する法律に基づく日本住宅性能表示基準による性能表示を踏まえることに留意 |

| | |
|---|---|
| | する必要がある。 |
| 外構工事等 | 植栽，駐車場等 |
| 維持管理の状態 | 屋根，外壁，床，内装，電気設備，給排水設備，衛生設備等に関する破損・老朽化等の状況及び保全の状態について特に留意する必要がある。 |
| 建物とその環境との適合との関係 | 建物は，その環境に適合していることが最有効使用の状態であるので，建物の面積，高さ，構造等のほか，設計，デザイン等が，環境に適合していないものについては，建物に減価が生ずる。 |
| 公法上及び私法上の規制，制約等 | 公法上の規制の主なものは，都市計画法，建築基準法に基づく用途地域地区と建築物の構造，規模，形態等についての規制があげられるほか，消防法の消防設備の設置義務等についての防火規制等があげられる。<br>また，私法上の制約としては，賃借権によるもの，相隣関係，区分所有権等によるものがあげられる。 |

| | |
|---|---|
| 建物及びその敷地に関する個別的要因 | 建物及びその敷地に関する個別的要因には，土地に関する個別的要因及び建物に関する個別的要因のほか，敷地内における建物，駐車場，通路，庭等の配置，建物と敷地の規模の対応関係等建物等と敷地との適応の状態がある。<br>また，代替競争等の関係にある不動産との比較によって，土地建物一体としての競争力などの市場性を考慮する必要がある。<br>さらに，賃貸用不動産に関する個別的要因としては，賃貸経営管理の良否があり，その主なものは次のとおりである。<br>①　借主の状況及び賃貸借契約の内容<br>賃料の滞納の有無及びその他契約内容の履行状況，借主の属性（業種，企業規模等），総賃貸可能床面積に占める主たる借主の賃貸面積の割合に特に留意する必要がある。<br>②　貸室の稼働状況<br>空室率，新規賃貸借の募集条件と成約率，継続賃貸借の推移と状況等の把握が必要である。<br>③　修繕計画及び管理計画の良否並びにその実施の状態<br>大規模修繕に係る修繕計画の有無及び修繕履歴の内容，管理規約の有無，管理委託先，管理サービスの内容等に特に留意する必要がある。 |

# 7　鑑定評価方式の適用

## (1)　評価方針

証券化対象不動産の鑑定評価が，貸家及びその敷地の鑑定評価の場合，収益還元法による収益価格を標準とし，原価法による積算価格及び取引事例比較法による比準価格を比較考量し，各試算価格を調整のうえ鑑定評価額を決定する。ただし実務では，取引事例比較法について，適切に要因比較を行い得る類似不動産の取引事例を得ることが困難のため，採用しないことが多い。

不動産鑑定評価基準では，収益還元法の適用について次のように定める。

> 証券化対象不動産の鑑定評価における収益価格を求めるに当たっては，ＤＣＦ法を適用しなければならない。この場合において，併せて直接還元法を適用することにより検証を行うことが適切である。

## (2)　収益還元法

### Ａ　ＤＣＦ法による収益価格

評価対象不動産を一定の期間賃貸運用した後に売却することを想定し，当該分析期間中に得られるであろう現行賃貸借契約等に基づく純収益及び分析期間末の復帰価格の現在価値を合計することにより，収益価格を査定する。

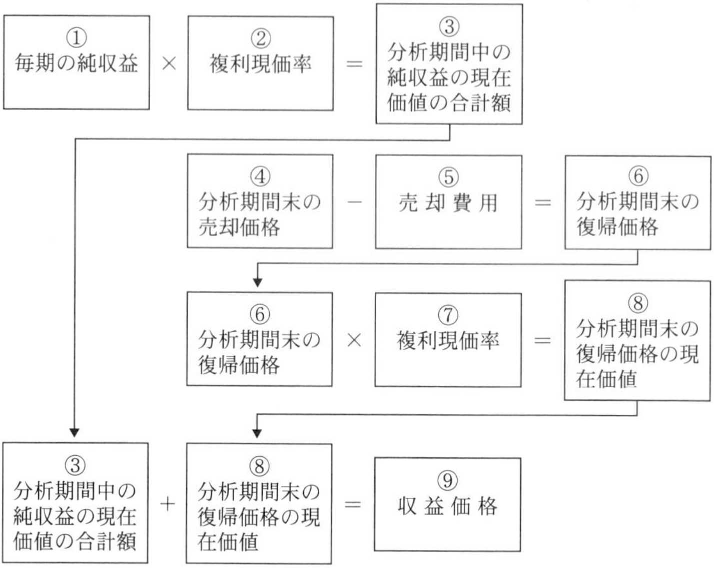


（ＤＣＦ法の査定式）

$$P=\sum_{k=1}^{n}\frac{a_k}{(1+Y)^k}+\frac{P_R-C}{(1+Y)^n}$$

$P$　：収益価格（上記⑨）

$a_k$　：毎期の純収益（上記①）

$Y$　：割引率

$n$　：分析期間

$P_R$：売却価格（上記④）

（分析期間末の評価対象不動産の価格をいい，基本的には $P_R=a_{n+1}\div R_n$ で表される（※ $a_{n+1}$：$n+1$ 期の純収益，$R_n$：最終還元利回り））

$C$　：売却費用（上記⑤）

**設　例**

ＤＣＦ法による収益価格＝(a)＋(b)＝857,125千円

(a)　保有期間（10年間）の純収益の現価合計

（千円）

| 年 | ①<br>運営収益 | ②<br>運営費用 | ③<br>運営純収益<br>（①－②） | ④<br>純 収 益<br>（③＋一時金純収益－資本的支出） | ⑤<br>複利現価率<br>（割引率5.5％） | ⑥<br>複利現価<br>（④×⑤） |
|---|---|---|---|---|---|---|
| 1 | 75,990 | 26,140 | 49,850 | 49,810 | 0.9479 | 47,213 |
| 2 | 73,800 | 25,220 | 48,580 | 43,860 | 0.8985 | 39,408 |
| 3 | 76,960 | 24,540 | 52,420 | 58,880 | 0.8516 | 50,142 |
| 4 | 77,270 | 24,150 | 53,120 | 17,380 | 0.8072 | 14,029 |
| 5 | 79,570 | 23,630 | 55,940 | 43,940 | 0.7651 | 33,618 |
| 6 | 78,650 | 23,400 | 55,250 | 58,850 | 0.7252 | 42,678 |
| 7 | 81,230 | 23,220 | 58,010 | 46,210 | 0.6874 | 31,765 |
| 8 | 80,500 | 23,140 | 57,360 | 51,360 | 0.6516 | 33,466 |
| 9 | 83,050 | 23,220 | 59,830 | 63,980 | 0.6176 | 39,514 |
| 10 | 82,300 | 23,300 | 59,000 | 62,450 | 0.5854 | 36,558 |
| 合計 | | | | | | 368,391 |

(b)　11年目に売却の復帰価格の現価

（千円）

| 年 | ①<br>運営収益 | ②<br>運営費用 | ③<br>運営純収益<br>（①－②） | ④<br>純 収 益<br>（③＋一時金純収益－資本的支出） | ⑤<br>最終還元<br>利 回 り | ⑥<br>売却価格<br>④÷⑤ |
|---|---|---|---|---|---|---|
| 11 | 84,870 | 23,380 | 61,490 | 54,480 | 6％ | 908,000 |

| ⑦<br>売却費用<br>（⑥×３％） | ⑧<br>復帰価格<br>（⑥－⑦） | ⑨<br>複利現価率<br>（割引率5.5％） | ⑩<br>複利現価 |
|---|---|---|---|
| 27,240 | 880,760 | 0.5549 | 488,734 |

### B　直接還元法による収益価格での検証

評価対象不動産が満室の状態にある場合の潜在総収益（実現可能総収益）から空室等損失及び貸倒れ損失を控除した運営収益を求め。これから運営費用を控

除して運営純収益を算出し，さらに，当該運営純収益に一時金の運営益及び資本的支出を加減して純収益を求め，これを還元利回りで還元して収益価格を査定する。

①潜在総収益 － ②空室等損失 － ③貸倒れ損失 ＝ ④運営収益

④運営収益 － ⑤運営費用 ＝ ⑥運営純収益

⑥運営純収益 ＋ ⑦一時金の運用益 － ⑧資本的支出 ＝ ⑨純収益

⑨純収益 ÷ ⑩還元利回り ＝ ⑪収益価格

（直接還元法の査定式）

$$P = \frac{a}{R}$$

P：収益価格（上記⑪）

a：純収益（上記⑨）

R：還元利回り（上記⑩）

**設　例**

（千円）

| ①<br>運営収益 | ②<br>運営費用 | ③<br>運営純収益<br>（①－②） | ④<br>純 収 益<br>（③＋一時金純収益<br>－資本的支出） | ⑤<br>還元利回り | ⑥<br>売却価格<br>④÷⑤ |
|---|---|---|---|---|---|
| 75, 990 | 26, 140 | 49, 850 | 49, 810 | 5. 8％ | 858, 793 |

## ⑶　原　価　法

### ①　土地価格の査定

ア取引事例比較法　イ土地残余法　ウ開発法を適用して，各試算価格を調整のうえ土地価格を査定する。

ア　取引事例比較法による価格

次のいずれかの手法による。

・類似の取引事例価格から近隣地域の標準的画地の価格を求め，その価格と比較して対象土地の価格を求める手法

・類似の取引事例価格に直接比準して，対象土地の価格を求める手法

・類似の取引事例価格から想定した基準となる土地の価格を求め，その価格と比較して対象土地の価格を求める手法

なお，いずれの場合でも地価公示の公示価格（価格時点：毎年１月１日）を規準とした価格や都道府県地価調査の基準地価格（価格時点：毎年７月１日）に比準した価格との均衡を考慮するものとする。

［例　示］

| | 取引価格等<br>① | 事情補正<br>② | 時点修正<br>③ | 標準化補正<br>④ | 地域格差修正<br>⑤ | 個別格差修正<br>⑥ | 比準価格<br>①×②×③×④×⑤×⑥ |
|---|---|---|---|---|---|---|---|
| 取引事例A | 千円/㎡<br>2,000 | 100/100 | 90/100 | 100/103 | 100/120 | 115/100 | 千円/㎡<br>1,675 |
| 取引事例B | 千円/㎡<br>○,○○○ | 100/□ | □/100 | 100/□ | 100/□ | 115/100 | 千円/㎡<br>○,○○○ |
| 公示地 | 千円/㎡<br>○,○○○ | 100/100 | □/100 | 100/□ | 100/□ | 115/100 | 千円/㎡<br>○,○○○ |
| 基準地 | 千円/㎡<br>○,○○○ | 100/100 | □/100 | 100/□ | 100/□ | 115/100 | 千円/㎡<br>○,○○○ |

イ　土地残余法による価格

**設　例**

同一需給圏内の類似地域に所在する賃貸事例等を参考にして，評価対象地（地積710㎡）に賃貸用の鉄筋コンクリート造12階建共同住宅の建築を想定し，収益還元法（土地残余法）による収益価格を1,110,000,000円（1,560,000円/㎡）と試算した。

想定建物　用途：共同住宅，構造：鉄筋コンクリート造・12階建，
規模：延3,000㎡

賃料等　新規賃料：月額4,000円/㎡，敷金：２か月分，礼金：２か月分，
駐車場賃料：月額40,000円/台，敷金１か月分

有効面積　住宅：2,500㎡，駐車場：14台

総収益　132,383,000円（年額支払賃料，敷金の運用益，礼金の運用益・償却額）

総費用　28,097,750円（修繕費，維持管理費，公租公課，損害保険料，空室等による損失相当額）

還元利回り　5.5％

完成から価格時点までの複利現価率　0.8957（割引率6.5％，建築期間等21.0か月）

建物等の価格（再調達原価）　630,000,000円（建築費210,000円/㎡×3,000㎡）
建物等の投資額の支払時期を考慮した複利現価率
0.9292（割引率6.5%，期間14.0か月）

| ①<br>建築完成後の純収益 | ②<br>還元利回り | ③<br>価格時点における建物及びその敷地の収益価格の現価 | ④<br>価格時点における建物等の投資額の現価 | ⑤<br>土地の収益価格 |
|---|---|---|---|---|
| a．総収益<br>132,383,000円<br><br>b．総費用<br>28,097,750円<br><br>c．純収益<br>（a－b）<br>104,285,250円 | 5.5% | d．建物完成後の収益価格<br>1,896,095,455円<br>e．完成時から価格時点までの複利現価率<br>0.8957<br>f．価格時点における収益価格の現価（d×e）<br>1,698,332,699円 | 建物等の価格<br>×複利現価率<br>585,396,000円 | f－④<br>1,112,936,699円<br>≒1,110,000,000円<br>（1,560,000円/㎡） |

ウ　開発法による価格

**設　例**

評価対象の土地（地積5,720㎡）に鉄筋コンクリート造16階建の共同住宅を建築して分譲する場合を想定し，開発法による価格を7,310,000,000円（1,280,000円/㎡）と試算した。

想定計画建物　構造：鉄筋コンクリート造16階建，規模：延25,200㎡
分譲可能床面積　23,000㎡（315戸）
標準的タイプ　床面積　２ＬＤＫ　73㎡
販売総額　700,000円/㎡×23,000㎡＝16,100,000,000円
建築工事費　220,000円/㎡×25,200㎡＝　5,544,000,000円
販売費・一般管理費
販売総額の７％　16,100,000,000円×７％＝1,127,000,000円

開発スケジュール　準備期間：価格時点から10月
建築期間：19か月間
建築費の支払時期　着工時：価格時点から10月　10%
　　　　　　　　　中間払い：価格時点から20月　10%
　　　　　　　　　竣工時：価格時点から29月　80%
販売時期：工事着工時後３か月～工事竣工時
販売収入の計上時期　価格時点から21月　８％（平均的は販売時）
　　　　　　　　　　価格時点から29月　72%
　　　　　　　　　　価格時点から32月　20%（平均的は販売時）
販売費・一般管理費の支払時期　価格時点から18月　100%
（平均的支払時）
投下資本収益率　年10%

| 項目 | | 金額 | 割合 | 割引期間価格時点後 | 複利現価率 | 複利現価 |
|---|---|---|---|---|---|---|
| 収入 | 販売総額 | 1,288,000,000円 | 8% | 21月 | 0.8464 | 1,090,163,200円 |
| | | 11,592,000,000円 | 72% | 29月 | 0.7943 | 9,207,525,600円 |
| | | 3,220,000,000円 | 20% | 32月 | 0.7756 | 2,497,432,000円 |
| | 合計 | 16,100,000,000円 | | | | 12,795,120,800円 |
| 支出 | 建築工事費 | 554,400,000円 | 10% | 10月 | 0.9236 | 512,043,840円 |
| | | 554,400,000円 | 10% | 20月 | 0.8531 | 472,958,640円 |
| | | 4,435,200,000円 | 80% | 29月 | 0.7943 | 3,522,879,360円 |
| | 販売費及び一般管理費 | 1,127,000,000円 | 100% | 18月 | 0.8668 | 976,883,600円 |
| | 合計 | 6,671,000,000円 | | | | 5,484,765,440円 |
| 土地価格(a)－(b)＝7,310,365,300円≒7,310,000,000円（1,280,000円/㎡） | | | | | | |

### ②　建物価格の査定

原価法を採用し，評価対象建物と類似の建物の建築費やエンジニアリング・レポートにおける建築費などを参考として，新規に再調達する場合の再調達原価をまず査定し，次にこの再調達原価に対して，建物の現況及び地域的特性の推移・動向から判断した減価修正率を乗じた減価額を控除して，建物の積算価格を査定する。

減価修正率の査定に当たっては，主として建物自体に係る物理的及び機能的要因について耐用年数に基づく方法と観察減価法とを併用し，減価修正率を採用する。

| 建物の再調達原価<br>A | 減価修正率<br>B | 減　価　額<br>A×B | 建物の積算価格<br>A×(1－B) |
|---|---|---|---|
| ○○○,○○○,○○○円 | ○.○○% | ○○,○○○,○○○円 | ○○○,○○○,○○○円 |

**③　土地と建物の一体性の増減価修正**

・建物の用途，規模，築年数等により，建物及びその敷地として，環境との適合性や建物と敷地との適応状態が劣る場合（減価修正）

・対象不動産の地域性や用途等により需要が乏しく市場性が劣る場合（減価修正）

・賃貸不動産の場合で，現に稼働し収益をあげていることにより，開発リスク等に起因する一体としての増価が認められる場合（増価修正）

**④　試算価格の査定**

以上により（①の土地価格＋②の建物価格）×（１±増減修正率）をもって，試算価格を査定する。

## 8　試算価格の調整と鑑定評価額の決定

収益価格と積算価格等の間に大きな乖離が生じるような場合には，次のような視点を通じ，乖離の原因究明を行う必要がある。

ア　投資目的での不動産取引が珍しくなく，そのような取引を基準として地域における不動産価格の水準感が形成されているか。

イ　複合不動産と更地の取引では典型的な買い手の属性や資金力等が異なるか。

ウ　開発後の土地建物に対する投資を視野に入れた開発目的の更地の取引が一般的に行われているか。

また，各試算価格の再吟味に当たっては，原価法適用における土地価格や建物価格が収益性を適切に反映したものとなっているか等，価格形成要因の反映の整合性に留意する必要がある（実務指針第５章Ⅰ３）。

さらに，収益還元法，原価法，取引事例比較法等により求めた各試算価格から鑑定評価額の決定に至るまでの検討状況，試算価格の調整において，収益価格と他の試算価格との開差が認められる場合には，その理由について手法の限界や市場分析結果との関連等を含め記載するものとする。特に，ＤＣＦ法により査定した収益価格と直接還元法により査定した収益価格との関連，及び原価法や取引事例比較法等で求めた試算価格との関連につい明確にしつつ，収益価格や鑑定評価額を決定した理由を鑑定評価報告書に記載しなければならない（実務指針第５章Ⅰ４）。

# 第7章 開発型証券化の対象となる不動産の鑑定評価

国土交通省の平成21年５月「平成20年度不動産証券化の実態調査」によれば，開発中の物件を証券化・流動化することで調達した資金を当該物件の開発事業そのものに充当する，いわゆる開発型の証券化については，平成20年度は47件，約2,900億円の実績があった。

**図表２－７－１　開発型証券化の実績**

| | 平成13年度 | 平成14年度 | 平成15年度 | 平成16年度 | 平成17年度 | 平成18年度 | 平成19年度 | 平成20年度 |
|---|---|---|---|---|---|---|---|---|
| 件　　数 | 44 | 76 | 84 | 123 | 177 | 184 | 121 | 47 |
| 金額(億円) | 2,900 | 4,000 | 5,500 | 5,700 | 6,400 | 7,200 | 6,400 | 2,900 |

(注) 1　信託受益権に関する調査結果の累計であり，その他のものについては含まない。
2　金額については，概数。

開発型証券化に関して，社団法人日本不動産鑑定協会の平成20年５月20日「開発型証券化における鑑定評価にかかる留意事項」は，以下のとおり記している。

> 開発型証券化とは，不動産証券化により，ビークルを利用して行う不動産開発事業を総称したものである。すなわち，ビークルが，取壊し前提の既存建物及びその敷地あるいは更地，または建物建築中の土地等を取得し，建物を新築したうえで賃貸不動産等として売却するような証券化スキームである。

開発型証券化は，当初，オリジネーターの開発計画が相当確定した段階における証券化が中心であったこと，開発型証券化ビークルに対するローン（デットファイナンス）の審査基準等が整備途上段階にあったこと，及び資産流動化計画が厳格に適用されていたこと等により，詳細な開発計画や建築計画を策定し，これらの許可が得られているか又はそれに近い段階にあるもののみが対象になっていた。しかしながら，昨今の不動産証券化市場の成熟に伴い，開発型証券化は建築確認や開発許可等が得られていない段階でも行われ，入札等による土地取得が未定な段階でもビークルが組成されるようになり，投資家から資金を募り自らの開発資金の投下を一定額に抑える事業スキームの一つとして頻繁に行われている。

開発型証券化は，竣工後の建物及びその敷地を，一般的に売却の仕方によって，次の４つに分類される。

① 直ちに賃貸不動産として一棟売却する場合
② 一定期間保留後賃貸不動産として一棟売却する場合
③ 賃貸せずに直ちに分譲する場合
④ 賃貸せずに一定期間保留後一棟売却する場合

社団法人日本不動産鑑定協会の平成19年３月「証券化対象不動産の価格に関する鑑定評価手法適用上の留意事項」によれば，開発型案件の証券化対象不動産についての鑑定評価を行えるのは次の場合であるとしている。

ア　複合不動産として鑑定評価を行うことかできるのは，建築上の建物が鑑定評価の対象として認められる程度に完成している場合（建築基準法や不動産証券化にいう建物の定義ではなく，完了検査が行える状態であること等，鑑定評価の基本的事項における対象不動産の確定，確認が可能な程度に完成していて，原則として検査済証の交付がある場合）である。
イ　更地として鑑定評価を行うことができる場合は，開発計画・建築計画の確実性が確認できる場合（少なくとも開発許可や建築確認を得ている場合）

である。
ウ　建物建築中（開発協議中のものも含む）の土地については，現況に基づき，建物が建築中であることを所与とした土地（建付地に準じた土地）として鑑定評価を行う。

また，現に竣工していない建物を対象不動産の一部とする場合は，鑑定評価ではなく，不動産鑑定評価基準に準拠した価格調査を行うものとしている。

「開発型証券化における鑑定評価にかかる留意事項」においては，特に以下の留意事項が重要であるとしている。

１．法定スキームにおいて特定価格を求める場合

法定スキームの開発型証券化に多いＴＭＫ（特定目的会社）が更地を取得する際の鑑定評価の場合は，特定価格を求めるものであり，この場合には資産流動化計画等により投資家に開示される対象不動産の運用計画・開発計画等を所与とする必要がある。

⑴　運用計画・開発計画等が未定の段階

一定の運用計画に基づく特定価格を求めることは困難であるため，正常価格を求めるものとする。

⑵　開発計画・運用計画等が確定前の段階

予定されている開発計画・運用計画等が地区計画の変更を前提としている場合等，現段階では最有効使用を超えると認められる場合には，開発計画・運用計画等の確実性が確認できるできる状態（少なくとも開発計画や建築計画を得ている場合）に限り当該開発計画・運用計画等を前提とした特定価格を求めることができるものとする。

２．法定外スキームにおいて正常価格を求める場合

法定外スキームにおけるＳＰＣにかかる取引の対象となる不動産の鑑定評価では，購入時・保有時・売却時のいずれも最有効使用を判断して正常価格を求めることとされている。

3．建物が建築中の段階における土地の鑑定評価

建物が建築中（開発協議中のものも含む）の土地については，現況に基づき，建物が建築中であることを所与とした土地（建付地に準じた土地）として鑑定評価を行う。この評価にあたっては，更地の価格に増価として働くケースと減価として働くケース，いずれでもないケースの3つのパターンが考えられる。

建付地に準じた土地として評価を行う場合の手法は，現況に基づき，建物が建築中であることを考慮した増減価（建築中の建物が最有効使用かどうか，既施工箇所の撤去が必要となるか，使用収益時期の到来が早くなるか，遅くなるか等を考慮した増減価）を行うことにより求める手法とを併用して鑑定評価額を決定する。

4．未竣工（原則として，検査済証の交付又は仮使用の承認を受けていない状態）建物及びその敷地の価格調査

建物の建築着工前や建築工事中の段階での，竣工を想定した建物及びその敷地の鑑定評価は対象建物の確認ができないこと，設計図書のとおり建物が竣工するかどうか確実でないこと及び貸家及びその敷地としては賃貸借契約内容が予定通り締結されるかどうか不明確なこともあり，行うことができない。したがって，価格調査として，対応せざるを得ないが，この場合には，次の2つの考え方で対応する。

①　将来時点の建物及びその敷地の価格調査を行っているという考え方

②　予定建物が現時点で竣工し（賃貸し）ていることを想定し，価格調査を行っているという考え方

5．未竣工建物の一部（既竣工部分）を含む価格調査

未竣工建物の既施工部分（例えば，基礎や鉄骨柱等）を新所有者が承継し，利用することが可能なものとしての旨の前提を付して価格調査を行う。この場合，価格調査の手法としては，原価法やＤＣＦ法（開発賃貸型）を適用する。

6．予定賃貸条件の妥当性の確認

開発型証券化の鑑定評価においては，主として開発後の建物及びその敷地

（貸家及びその敷地）の価格を基礎として，土地の価格を求めることとなる。この場合，竣工後建物について予定賃貸借条件が判明している場合には，賃貸借予約契約書や賃借申出書等の確認を行うとともに，予定賃貸条件については市場資料等からその妥当性を検証し，そのリスクを鑑定評価額に適切に反映させることに留意する。

### ◎ＤＣＦ法（開発賃貸型）

開発型証券化における対象不動産が更地の場合，その評価手法としてＤＣＦ法（開発賃貸型）が提案されている。

ＤＣＦ法（開発賃貸型）は，開発的要素を加味したＤＣＦ法を組み合わせた手法である。すなわち，更地に建物を建築し，テナントへ賃貸の上，主として賃貸不動産としてビークル（投資ファンド等）に売却することを前提に，投資家の投資採算性を考量した更地価格を求める手法となる。投資家の投資採算性を考慮するために，価格時点から建築期間中及び竣工後建物のキャッシュフローを予測し，それらの現在価値により価格時点における対象不動産（土地）の価格を求める。

①　開発後一定期間保有するケース

| | | | | |
|---|---|---|---|---|
| 建築期間・保有期間のキャッシュフロー現在価値の合計 | ＋ | 保有期間満了後の復帰価格現在価値 | ＝ | DCF法による収益価格 |

②　開発後即売却するケース

| | | | | |
|---|---|---|---|---|
| 建築期間の開発事業によるキャッシュフロー現在価値の合計 | ＋ | 建築竣工事売却の復帰価格現在価値 | ＝ | DCF法による収益価格 |

# 第8章

# 鑑定評価報告書

## 1　鑑定評価報告書の作成指針

鑑定評価報告書に関して，不動産鑑定評価基準は一般的留意点を次のとおり示している。

> 鑑定評価報告書は，鑑定評価の基本的事項及び鑑定評価額を表し，鑑定評価額を決定した理由を説明し，その不動産の鑑定評価に関与した不動産鑑定士の責任の所在を示すことを主旨とするものであるから，鑑定評価報告書の作成に当たっては，まずその鑑定評価の過程において採用したすべての資料を整理し，価格形成要因に関する判断，鑑定評価方式の適用に係る判断等に関する事項を明確にして，これに基づいて作成すべきである。
> 鑑定評価報告書の内容は，不動産鑑定業者が依頼者に交付する鑑定評価書の実質的な内容となるものである。

したがって，不動産証券化における鑑定評価報告書は，鑑定評価書を通じて依頼者のみならず一般投資家を含めた広範な第三者に対しても影響を及ぼすものであり，さらには適正な不動産投資市場の発展の基礎となるものであるから，その作成に当たっては，誤解の生ずる余地を与えないよう留意するとともに，特に鑑定評価額の決定の理由については，依頼者その他の第三者に対しても十分に説明し得るものとするように努めなければならない，としている。

そのためには鑑定評価報告書の記載内容について漏れのないことはもちろん，特に対象不動産の確認，鑑定評価の条件，鑑定評価額に与える影響が大きい重要な事項については，容易にその内容を把握し確認できるよう明瞭性に配慮したものでなくてはならない。すなわち，鑑定評価報告書の記載にあたっては，証券化対象不動産の鑑定評価において求められる手順が踏まれているか，鑑定評価額に影響を及ぼす重要な事項の漏れや誤りがないか，その記載について誤解を生じさせないために必要かつ十分な記載が明瞭に行われているかどうかについて留意しなければならない，としている。

## 2　記載事項

(1)　不動産鑑定評価基準は，一般に少なくとも①～⑨の事項について，記載しなければならない，としている。

①　鑑定評価額及び価格又は賃料の種類

②　鑑定評価の条件

③　対象不動産の所在，地番，地目，家屋番号，構造，用途，数量等及び対象不動産に係る権利の種類

④　鑑定評価の依頼目的及び条件と価格又は賃料の種類との関連

⑤　価格時点及び鑑定評価を行った年月日

⑥　鑑定評価額の決定の理由の要旨

a　地域分析及び個別分析に係る事項

b　最有効使用の判定に関する事項

c　鑑定評価方式の適用に関する事項

d　試算価格又は試算賃料の調整に関する事項

e　公示価格との規準に関する事項

f　その他

⑦　鑑定評価上の不明事項に係る取扱い及び調査の範囲

⑧　利害関係の有無

⑨　不動産鑑定士の氏名

⑵　証券化対象不動産の鑑定評価においては，以下のとおり不動産鑑定評価基準で，鑑定評価報告書の記載方法が示されている。

①　証券化対象不動産の鑑定評価に該当し，基準各論第３章等の規定を適用したものであること（基準各論第３章第１節Ⅰ）。

特に，鑑定評価書については，依頼者等に一見してその旨が分かるように，表紙又は本文（鑑定評価額等の記載を含む）よりも先に，その旨を明確に記載する必要がある。

②　証券化対象不動産の鑑定評価書については，依頼者及び証券化対象不動産に係る利害関係者その他の者がその内容を容易に把握・比較することができるようにするため，鑑定評価報告書の記載方法等を工夫し，及び鑑定評価に活用した資料等を明示することができるようにするなど説明責任が十分に果たされるものとしなければならない（基準各論第３章第１節Ⅱ⑵）。

③　証券化対象不動産の鑑定評価の依頼目的及び依頼が必要になった背景並びに依頼者と証券化対象不動産との利害関係に関する基準各論第３章第２節Ⅲ⑴から⑶までの事項

④　実地調査に関し，基準各論第３章第３節Ⅱ⑴から⑸までの事項

⑤　エンジニアリング・レポートの提出がない場合又はその記載された内容が鑑定評価に活用する資料として不十分であると認められる場合に，エンジニアリング・レポートに代わるものとして不動産鑑定士が調査を行うなど鑑定評価を適切に行うため対応するものとし，対応した内容及びそれが適切であるとした判断した理由（基準各論第３章第３節Ⅲ⑴）

⑥　エンジニアリング・レポートの内容を鑑定評価に活用するか否かの検討に当たっては，その判断と根拠（基準各論第３章第３節Ⅲ⑶）

この場合においては少なくとも次の項目ごとに，それぞれ表に掲げる内容

・エンジニアリング・レポートの基本的属性

・エンジニアリング・レポートの入手経緯，対応方針等
・鑑定評価に必要となる専門性の高い個別的要因に関する調査
・鑑定評価に必要となる専門性の高い個別的要因に関する調査についての不動産鑑定士の判断

⑦　ＤＣＦ法の適用に当たって，ＤＣＦ法による収益価格を求める際に活用する資料の妥当性や判断の根拠等（基準各論第３章第４節Ⅰ⑴）

⑧　ＤＣＦ法による収益価格を求める場合に当たって，最終還元利回り，割引率，収益及び費用の将来予測等査定した個々の項目等に関する説明に加え，それらを採用して収益価格を求める過程及びその理由（基準各論第３章第４節Ⅰ⑵）

⑨　ＤＣＦ法で査定した収益価格（直接還元法による検証を含む）と原価法及び取引事例比較法等で求めた試算価格との関連について明確にしつつ，鑑定評価額を決定した理由（基準各論第３章第４節Ⅰ⑶）

⑩　ＤＣＦ法による収益価格求めるに当たっての収益費用項目（基準各論第３章第４節Ⅱ⑴の表）

⑪　ＤＣＦ法を適用する際の鑑定評価報告書の様式は，別表２のとおりである（基準各論第３章第４節Ⅱ⑶）。

## ３　附属資料

処理計画の作成に当たって，不動産鑑定評価基準各論第３章第２節Ⅰ⑴から⑹までの事項を確認した場合には，第２節Ⅱ⑴から⑸までのそれぞれの事項に関する記録。

## ４　サンプル

証券化対象不動産の鑑定評価報告書のサンプルは，後記のものが考えられる。

# 不動産鑑定評価報告書（サンプル）
## －証券化対象不動産の鑑定評価につき不動産鑑定評価基準各論第３章適用－

## Ⅰ．鑑定評価額

総額　¥2,000,000,000☆

## Ⅱ．評価対象不動産の表示

(A)　土　地

［所在及び地番］　東京都○○区○○０丁目101番ほか３筆
（詳細は末尾の土地明細参照）

［地　　　　目］　宅　地

［地　　　　積］　登記簿合計　500㎡00

(B)　建　物

［所　　　　在］　東京都○○区○○０丁目101番地

［家　屋　番　号］　101番

［構 造 ・ 用 途］　鉄骨鉄筋コンクリート造陸屋根地下１階付９階建
事務所・駐車場

［床　　面　　積］　登記簿　延4,000㎡00

## Ⅲ．鑑定評価の基本的な事項

１．不動産の種別・類型，賃料の区分

貸家及びその敷地

２．評価条件

(1)　対象確定条件

現状の類型のとおり

(2)　付加条件

a　投資信託及び投資法人に関する法律による投資法人が定款等に従って運用することを前提として評価対象不動産を取得する場合における鑑定評価

b　現在賃借人が使用している部分についてはご指示により外観調査による鑑定評価

３．価格時点

平成20年12月１日

４．価格の種類

特定価格

５．鑑定評価の依頼目的

不動産証券化

６．鑑定評価の依頼目的及び条件と価格の種類との関連

本件鑑定評価は，上記依頼目的及び条件により，投資家に示すための投資採算価値を表す価格を求めるものであり，求める価格は特定価格である。

７．鑑定評価を行った日付

平成20年12月25日

８．利害関係と縁故関係の有無とその内容

な　い

## Ⅳ．評価対象不動産の確認

１．物的確認

⑴　実地調査日

平成20年12月１日

⑵　立会者

○○　　○○○　様

⑶　所有者名

平成20年12月１日現在の登記簿上

不動産信託受託者　○○信託銀行株式会社

⑷　確認に用いた資料

法務局備付の登記簿・公図・建物図面・各階平面図，株式会社○○○一級建築士事務所作製の「○ビル新築工事」竣工図，建築確認通知書・検査済書，平成20年度固定資産（土地・家屋・償却資産）評価証明書，立会者の口頭説明等

⑸　照合事項

位置・形状・規模，建物の構造・用途

⑹　照合の結果

概ね一致を確認した。

⑺　評価上採用した数量

登記簿数量

２．賃貸借契約内容の確認

評価対象不動産については，建物所有者である不動産信託受託者○○信託銀行株式会社（以下「原賃貸人」という）を賃貸人，株式会社△△（以下「原賃借人」という）を賃借人とするマスターリース契約が締結され，さらに原賃借人からの転貸（サブリース）

が行われている。

当該マスターリース契約は，主として評価対象不動産の管理・運営の委託を目的とするもので，賃料も原賃借人が収受したサブリース賃料と同額であるとする，いわゆるパススルー型の契約形態となっている。したがって，以下ではエンドテナントとの間で締結されている賃貸借契約の内容について記載する。

〔事務所部分〕

⑴　契約の目的

事務所としての利用を目的とする建物賃貸借

⑵　確認に用いた資料

貸室賃貸借契約書，○○ビル月次報告書(平成20年○月分)，立会者の口頭説明

⑶　賃貸人（原賃借人）

株式会社○○（不動産信託受託者○○信託銀行株式会社）

⑷　賃借人・月額支払賃料・一時金等

別表○のとおり。

なお，敷金は預り金的性格を有する一時金で，預託期間中は無利息である。

⑸　特約・その他

a　賃借権の譲渡・転貸の禁止

b　契約終了時の原状回復義務　ほか

〔駐車場部分〕

⑴　契約の目的

駐車場としての利用を目的とする賃貸借

⑵　確認に用いた資料

駐車場契約書，○○ビル月次報告書（平成20年○月分）

⑶　賃貸人（原賃借人）

株式会社○○（不動産信託受託者○○信託銀行株式会社）

⑷　賃借人・月額使用料・一時金等

別表○のとおり。

なお，敷金は預り金的性格を有する一時金で，預託期間中は無利息である。

## Ｖ．鑑定評価額の決定の理由の要旨

### (Ｉ)　価格形成要因の分析

１．社会経済等の状況

省略

２．不動産市場の状況

省略

３．近隣地域の状況

評価対象不動産の所在する近隣地域の地価形成に影響をもつ地域要因の主なものは，次のとおりである。

⑴　近隣地域の範囲

○○○丁目○番街区

⑵　地域要因

ａ．街路条件

幅員15ｍの両側歩道付舗装区道で，系統・連続性は良好である。

ｂ．交通・接近条件

⒜　最寄り駅

東京メトロ銀座線「○○」駅から近隣地域の中心まで南西方へ徒歩で約２分。同線の朝夕の運行は頻繁である。

⒝　都心への接近性

最寄り駅から「東京」駅まで約５分を要する。

ｃ．環境条件

⒜　自然的状態

地勢は平坦

⒝　供給処理施設

上水道・公共下水道・都市ガスがある。

⒞　危険・嫌悪施設，自然的災害，公害

な　い

⒟　土地利用の状況

中高層の事務所ビルが連たんする中に，近時高層共同住宅が介在するようになった商業地域である。

ｄ．行政的条件

商業地域，防火地域，指定建ぺい率80％（耐火建築物は制限がない），指定容積率800％，駐車場整備地区

ｅ．標準的画地の形状・規模

一画地が間口20ｍ・奥行25ｍ・規模500㎡程度の長方形地

⑶　地域要因の変動の予測

「○○○」地区における事務所需要は低迷し，賃料及び稼働率水準は弱含みで推移している。特に，近時は近隣地域及び周辺地域においても高層共同住宅の建築が多数行われており，都心部における住宅需要と相まって，将来的には商住が混在する地域

へと移行していくと予測されるものの，事務所環境に劇的な変動を生ずるような影響とはならないと判断されることから，当面は現状を維持すると予測する。

⑷　標準的使用

高層の事務所地

４．評価対象不動産の状況

(A)　土　地

評価対象地の価格形成に影響をもつ更地としての個別的要因の主なものは，次のとおりである。

⑴　近隣地域における位置

近隣地域の中央よりやや東側部分に位置する。

⑵　個別的要因

ａ．街路条件

評価対象地の南東側幅員約15ｍの両側歩道付舗装区道が正面街路で，近隣地域の標準的画地と同じである。

ｂ．交通・接近条件

近隣地域の標準的画地とほぼ同じである。

ｃ．環境条件

近隣地域の標準的画地と同じである。

評価対象地については，専門機関による土壌汚染状況調査等がなされていないため，土壌汚染の有無については不明である。ただし，不動産鑑定士による独自調査，すなわち，〇〇区環境保全課への聴聞・調査によれば，評価対象不動産は水質汚濁防止法に基づく有害物質使用特定施設の設置の届出はなされておらず，土壌汚染対策法に定める有害物質使用特定施設には該当しない。また，旧土地台帳等に基づく過去の所有者履歴，昭和▽▽年及び平成××年の住宅地図による調査並びに地元精通者からの聴聞の限りにおいては，対象地は事務所ビル，店舗等であり，土壌汚染が存在することを示す端緒は発見されなかった。

以上により，評価対象不動産は有害物質の使用の形跡は認められず，土壌汚染が存在することを示す端緒は発見されなかった。よって，本件では土壌汚染等は，価格形成要因から除外するものとして鑑定評価する。

ｄ．行政的条件

商業地域，防火地域，指定建ぺい率80％（耐火建築物は制限がない），指定容積率800％，駐車場整備地区

ｅ．画地条件

南東側が現況幅員約15ｍの舗装区道に間口約14ｍ，北東側が現況幅員約６ｍの

舗装区道に間口約13m，北西側が現況幅員約５mの舗装区道に間口約22mにわたり各々ほぼ等高に接する，規模500㎡の東端の欠けた不整形（Ｌ字型）の三方路地である。

⑶　土地の最有効使用の判定

評価対象地の最有効使用は，立地条件及び形状・規模等の個別的要因から判断し，近隣地域の標準的使用と同じ高層事務所の敷地と判定した。

⑷　標準的画地と比較した増減価要因

（ｅ．画地条件）

（増）・三方路地

（減）・不整形地

（増）：増価要因

（減）：減価要因

(B)　建　物

評価対象建物の価格形成に影響をもつ建物自体の個別的要因の主なものは，次のとおりである。

⑴　建物概要

ａ．新築年月日

平成△△年８月頃

ｂ．構造

鉄骨鉄筋コンクリート造地下１階付９階建

昭和56年６月に施行された新耐震設計法に準拠して建築されている。

エンジニアリング・レポート（別表③参照）によると，再現期間が475年相当の大地震が発生した場合の予想最大損失率（ＰＭＬ値）は○．○○％である。

ｃ．用途

事務所・駐車場

ｄ．床面積

延4,000.00㎡

ｅ．間取り

⑵　設備概要

電気，給排水，衛生，ガス設備，消防用設備等がある。また，エレベーターを合計３基（一般乗用２基，非常用兼人荷用１基）有しており，フリーアクセスフロア，個別空調システムとなっている。

⑶　仕上げ概要

外壁：コンクリート打放し

屋根：陸屋根
内壁：クロス貼り等
床　：長尺シート等
天井：ジプトーン等

⑷　使用資材の品等
中　位

⑸　施工の質及び量
質及び量共に事務所ビルとして標準的である。なお，評価対象建物は，昭和◇◇年６月以降の建築確認を得ている。

⑹　維持管理の状態
維持管理の状態は概ね普通である。

⑺　有害な物質の使用の有無及び状態
アスベスト含有吹付材及び成形材について設計図書（竣工図），施工記録，建物の目視調査及び立会者（建物所有者，依頼者）へのヒアリングによる結果，その使用はない。
また，ＯＯ市環境課によるとＰＣＢの処分及び保管の届出はない。

⑻　経済的残存耐用年数
価格時点における経済的残存耐用年数は，躯体部分については33年，設備部分については８年と判定した。

⑼　その他（特記すべき事項）
特にない

Ⓒ　建物及びその敷地

⑴　建物等とその敷地との適応の状態
評価対象建物は，概ね敷地と適応し，環境とも適合している。

⑵　賃貸経営の良否
評価対象不動産について，建物レンタブル比，テナント数及び質，賃料水準等検討した結果，概ね良好であると判断した。現況では，ワンフロアが空き状態である。

⑶　対象不動産に係る典型的な需要者層
市場参加者として最も想定されるのは，評価対象不動産を取得の上，賃貸用不動産として収益獲得を目指す投資家等と考えられる。

⑷　代替・競争関係にある不動産との比較における優劣及び競争力の程度
市場競争力については，立地条件等を鑑みるに収益性・事業性にやや優り，同一需給圏内においても相対的にやや優位な位置付けにあるものと判断する。

⑸　建物及びその敷地の最有効使用の判定

評価対象不動産は，築後約７年の経過した鉄骨鉄筋コンクリート造地下１階付９階建の事務所ビル（貸家及びその敷地）であり，立地条件等を鑑みるに収益性・事業性にやや優り，同一需給圏内においても相対的にやや優位な位置付けにあるものと判断されることから，最有効使用は現況どおり，高層事務所ビルとしての使用と判定した。

**(Ⅱ)　評　価**

貸家及びその敷地の評価であり，１．原価法による積算価格と，２．収益還元法による収益価格を求め，両試算価格を調整のうえ鑑定評価額を決定する。なお，取引事例比較法については，適切に要因比較を行い得る類似不動産の取引事例を得ることが困難であったため，採用しない。

１．原価法による積算価格

(A)　土　地

土地価格は，取引事例比較法を採用して求めた価格を標準とし，標準地の公示価格を規準とした価格との均衡を考慮のうえ査定する。なお土地残余法の適用は，後に土地建物一体の収益価格を求める関係上，本件では割愛した。

(1)　近隣地域の標準的使用における標準価格の査定

近隣地域の状況欄に掲げた地域要因を備え，幅員15ｍの両側歩道付舗装区道沿いで，一画地の規模が500㎡程度の高層の事務所地の標準価格を，下記②の価格を比較検討し，①の価格との均衡を十分に考慮して1,800,000円／㎡と査定した。

①　公示価格を規準とした価格　　1,690,000円／㎡ ……………別表④参照

②　取引事例比較法を採用して求めた価格

1,650,000円／㎡～1,900,000円／㎡ ……………別表⑤参照

(2)　評価対象不動産の土地価格の査定

ａ．増減価率の査定

（ｅ．画地条件）

○　三方路地　＋８％

建物のレイアウトの自由度や出入りの便等の利用効率が優る程度を考量

○　不整形地　－３％

土地の利用効率，建物のレイアウトの自由度が劣る程度を考量

ｂ．格差修正率

(100％＋８％)×(100％－３％)≒105％

※　画地条件以外の各条件内での格差修正率の細項目は総和とし，画地条件に係る格差修正率は細項目の相乗積で査定し，各条件相互間は相乗積で個別格差修正率を査定する。

ｃ．評価対象不動産の土地価格の査定

標準価格に格差修正率を乗じて１㎡当たりの単価を求め，これに評価数量を乗じて土地価格を以下のとおり査定した。

標準価格　　格差修正率　　単　　価
1,800,000円／㎡×　105％　＝1,890,000円／㎡

単　　価　　評価数量　　土地価格
1,890,000円／㎡×500.00㎡＝945,000,000円

(B)　建　物

原価法を採用し，評価対象建物と類似の建物の建築費やエンジニアリング・レポートにおける再調達価格（別表③参照）などを参考として，新規に再調達する場合の再調達原価をまず査定し，次に，建物の現況及び地域的特性の推移・動向から判断して，評価対象建物は築後約７年が経過していること等から，建物の積算価格を次のとおり査定した。

(1)　再調達原価

単　　価　　評価数量　　　再調達原価
260,000円／㎡×4,000.00㎡＝1,040,000,000円

(2)　減価額

再調達原価　　減価率(注)　　減価額
1,040,000,000円×　26％　≒270,000,000円

注：70％（躯体割合）×７年／40年＋30％（設備割合）×７年／15年≒26％

なお，評価対象建物は，経年相当程度を超える特別な減価の発生は認められない。

(3)　建物価格

再調達原価　　　　減価額　　　　建物価格
1,040,000,000円－270,000,000円＝770,000,000円

(C)　積算価格

以上により，　土地価格　　　945,000,000円
　　　　　　　建物価格　　　770,000,000円
　　　　　　　合　　計　　1,715,000,000円

となるが，評価対象不動産の土地建物一体としての市場性を検討すると，当該建物は敷地と適応し，環境と適合しており，下記の増価修正の必要があるので，積算価格を1,800,000,000円と試算した。

土地・建物価格の合計　増価修正　　　　積算価格
1,715,000,000円×(100％＋５％)≒1,800,000,000円

[土地建物一体としての市場性の要因]

前記土地価格及び建物価格は，建物の開発手続に要する期間やリスク，建物が竣工し安定稼働に至るまでの開発リスクを考慮したうえで取引される開発前の更地価格及び建物価格を基礎に査定しているため，安定的に収益を生み出している都心部の一棟の土地・建物の内訳としての建付地価格及び建物価格と比較して低位に求められている。

２．収益還元法による収益価格

収益還元法を適用するに当たっては，より詳細な将来動向の考察を踏まえた分析が必要と判断し，ＤＣＦ法を標準に，直接還元法を検証手段として用いることとする。

ＤＣＦ法については，現行の収支状況を出発点として今後の収支の変動を予測のうえ，純収益（期末の売却価格に係る純収益を含む）の現在価値の総和を求める。

直接還元法については，評価対象不動産の収益性を中長期的に捉えた査定賃料等に基づく安定的な収支を前提とした純収益を還元利回りで還元するものとする。

(A)　ＤＣＦ法による収益価格

評価対象不動産を一定の期間賃貸運用した後に売却することを想定し，当該分析期間中に得られるであろう現行賃貸借契約等に基づく純収益及び分析期間末の復帰価格の現在価値を合計することにより，ＤＣＦ法による収益価格を査定した（詳細は別表○省略）。

(1)　潜在総収益の査定

潜在総収益は，貸室等が100％稼働していることを前提とする収益であり，貸室賃料収入，共益費収入，水道光熱費収入，駐車場収入及びその他収入を合計して査定した。

| | |
|---|---|
| 貸室賃料収入 | 賃貸借契約書（支払賃料）等に基づき設定した（別表○参照）。 |
| 共益費収入 | 賃貸借契約書（共益費）等に基づき設定した（別表○参照）。 |
| 水道光熱費収入 | 管理運営報告書（Ｈ□□～Ｈ◇◇），レントロール，賃貸借契約書及び水道光熱費収入明細書によると，過去の水道光熱費収入の実績は，平成◇◇年度が○円，過去３年間の平均で○円である。<br>類似建物の実績資料等を精査の上，現行の水道光熱費水準を妥当と判断し，初年度○円と査定した。 |
| 駐車場収入 | 自動車駐車場賃貸借契約書等に基づき設定した（別表○参照）。 |
| その他収入 | 上記記載の収入以外に発生が予測される収入はない。 |

⑵　運営収益の査定

潜在総収益から空室等損失及び貸倒れ損失を控除して運営収益を査定した。

| | |
|---|---|
| 空室等損失（空室率） | 対象不動産の現況（築７年）並びに地元精通者意見等に基づき，次のように査定した。<br>ⓐ　オフィス部分：対象不動産の立地及び品等を考慮するに，８年目までは常時５％，９年目以降は，老朽化に伴う競争力の低下等を考慮し，常時空室率を６％と査定した。<br>ⓑ　駐車場部分：対象不動産の立地及び品等を考慮するに，オフィス部分同様，８年目までは５％，９年目以降は，老朽化に伴う競争力の低下等を考慮し６％と査定した。 |
| 貸倒損失 | 貸倒損失相当額については，敷金により担保し得るものと判断し，無計上とした。 |

⑶　運営費用の査定

| 運営費用項目 | |
|---|---|
| 維持管理費 | 管理運営報告書（H□□～H◇◇）によると，現在の管理運営形態に基づく過去の実績は，平成◇◇年度が○円，過去3年間の平均で○円である。<br>類似建物の実績資料等を精査の上，現行の管理運営形態を妥当と判断し，初年度○0,000,000円と査定した。 |
| 水道光熱費 | 管理運営報告書（H□□～H◇◇）及び水道光熱費支払明細書によると，過去の水道光熱費の実績は，平成◇◇年度が○円，過去３年間の平均で○円である。類似建物の実績資料等を精査の上，現行の水道光熱費水準を妥当と判断し，初年度○円と査定した。 |
| 修繕費 | 管理運営報告書（H□□～H◇◇）によると，過去の修繕費の実績は，平成◇◇年度が○円，過去３年間の平均で○円である。<br>類似建物の実績資料等を精査の上，現行の修繕費水準を妥当と判断し，初年度○円と査定した。<br>ちなみに，エンジニアリング・レポートによれば，初年度○円，予測期間（13年間）の平均で○円である（別紙○参照）。 |
| プロパティ・マネジメント・フィー（以下,「PMフィー」 | 管理運営業務委託契約書によると，現行のＰＭ契約の概要及びフィーは以下のとおりとなっている。<br>～省略～<br>類似建物の実績資料等を精査の上，現行のフィー水準を妥当 |

| | |
|---|---|
| という。） | と判断し，初年度○円（○○収入の○％）と査定した。 |
| テナント募集費 | テナント募集費として，新規家賃の○ケ月分を計上した。<br>また，テナントの入れ替え率は，代替競争不動産の入れ替え率，市場動向，空室率の動向等により，年○％と予測し，当該入れ替え率を前提として，テナント募集費を当期に計上した。 |
| 公租公課 | 土地及び建物につき，貴示，平成○○年度固定資産（土地・建物）評価証明書に基づき，課税標準額を計上し，実額相当を査定した。 |
| 損害保険料 | 類似建物の実績資料等を精査の上，建物再調達原価の○％を損害保険料と査定した。 |
| その他費用 | 上記記載の費用以外に発生が予測される費用はない。 |

⑷　運営純収益の査定

運営収益から運営費用を控除して運営純収益を査定した。

⑸　初年度純収益の査定

運営純収益に一時金の運用益を加算し，資本的支出を控除して，純収益を査定した。

| | |
|---|---|
| 一時金の運用益 | 賃貸借契約書等より，現行預り金残高は，○円である。また，空室部分にかかる敷金の査定額は，○円である。本件では，金融機関等に流動性の高い資金として複数預託することを想定し，空室率考慮後の敷金残高に運用利回りを乗じて一時金の運用益を算定した。分析期間中は運用利回り水準が継続するものとして運用益を計上した。<br>なお，運用利回りは，市中金利動向等を分析の上，年利○％と査定した。 |
| 資本的支出 | エンジニアリング・レポートを参考として，評価対象建物は築後約７年の経過した建物であること等を総合考慮し，○年目までは再調達原価の○％，○年目以降は○％と査定した。 |

⑹　キャッシュフローの変動

オフィスマーケットの特性並びに評価対象不動産に係る現行の賃貸借契約条件及び運営状況を十分に勘案して，将来のキャッシュフローの変動を予測した。

| | |
|---|---|
| 変動率 | 昨今の経済動向並びに評価対象不動産の個別的要因等を総合的に検討し，次のとおり想定した。<br>(a)　新規家賃・共益費（事務所）：今後１年間は横ばいで推移した後，２年目～４年目までは，景気の動向等を考慮して年間○％，以後横ばいで推移。<br>(b)　継続家賃・共益費（事務所）：今後２年間は横ばいで推移した後，３年目～４年目までは，景気動向等を考慮して年間＋0.5％，以後横ばいで推移。<br>(c)　水道光熱費収入：シミュレーション期間を通じ，横ばいと想定した。<br>(d)　駐車場収入：シミュレーション期間を通じ，横ばいと想定した。 |

(7)　分析期間末の復帰価格

a．分析期間末の売却価格

分析期間末の売却価格は，11年目の純収益を最終還元利回りで還元することにより査定した。

b．分析期間末の復帰価格

分析期間末の復帰価格は，評価対象不動産を売却してキャッシュフローを実現するために必要と認められる譲渡費用を売却費用として，売却価格から控除することにより査定した。

(8)　割引率，最終還元利回り

a．割引率

割引率は，対象不動産に投資する場合において，分析期間中の純収益及び分析期間末の復帰価格を現在価値に割り戻すための期待収益率であり，一般に，類似の不動産の取引における投資利回りを参考に，対象不動産自体の個別性等を総合的に勘案のうえ求める方法，金融資産の利回りに不動産の個別性を加味して求める方法等が用いられている。

本件では，割引率が還元利回りに含まれる変動予測と予測に伴う不確実性のうち，収益見通しにおいて考慮された連続する複数の期間に発生する純収益や復帰価格の変動予測に係るものを除いたものであることを考慮し，最も一般的と思われる投資の利回りとして，「10年物国債流通利回り」の過去３年間の平均値を採用し，不動産投資に特有の不確定要素（リスクプレミアム）等に関して検討を加え，5.9％と査定した。

ｂ．最終還元利回り

最終還元利回りの把握にあたっては，将来における不透明性（立地条件や環境条件の変化に伴うリスク）等を考慮することが通常である。本件では，分析期間終了時点において建物の経年相応の摩滅等により資本的支出が増大する可能性があることや，流動性等も勘案する必要がある。これらの事情並びに，評価対象不動産の個別性等を総合的に考慮し，最終還元利回りを5.9％と査定した。

⑼　ＤＣＦ法による収益価格

評価対象不動産を一定の期間賃貸運用した後に売却することを想定し，当該分析期間中に得られるであろう現行賃貸借契約等に基づく純収益及び分析期間末の復帰価格の現在価値を合計することにより，ＤＣＦ法による収益価格を査定した（詳細は別表○参照)。

| 純収益の現在価値の合計額 | ＋ | 復帰価格の現在価値 | ＝ | 収益価格 |
|---|---|---|---|---|
| 879,556,000円 | | 1,118,331,000円 | | 1,997,887,000円<br>≒2,000,000,000円 |

(B)　直接還元法による収益価格

評価対象不動産が満室の状態にある場合の潜在総収益（実現可能総収益）から空室等損失及び貸倒れ損失を控除した運営収益を求め，これから運営費用を控除して運営純収益を査定し，さらに，当該運営純収益に一時金の運用益及び資本的支出を加減して純収益を求め，これを還元利回りで還元することにより直接還元法による収益価格を査定した（詳細は別表○参照)。

⑴　純収益の査定

ａ．潜在総収益の査定

潜在総収益は，貸室等が100％稼働していることを前提とする収益であり，貸室賃料収入，共益費収入，水道光熱費収入，駐車場収入及びその他収入を合計して査定した。

ｂ．運営収益の査定

潜在総収益から空室等損失及び貸倒れ損失を控除して運営収益を査定した。

ｃ．運営費用の査定

維持管理費，水道光熱費，修繕費，プロパティマネジメントフィー，テナント募集費用等，公租公課，損害保険料及びその他費用を合計して運営費用を査定した。

ｄ．運営純収益の査定

運営収益から運営費用を控除して運営純収益を査定した。

ｅ．純収益の査定

運営純収益に一時金の運用益を加算し，資本的支出を控除して，純収益を査定した。

⑵　還元利回りの査定

還元利回りは，最も投資リスクが低いと認められる不動産の利回りを基準とし，評価対象不動産の立地条件，建物条件（築年数・延床面積・設備水準等）（現行賃料の市場賃料に対する水準・契約条件・土地及び建物の権利関係等）に起因するスプレッドを加減するとともに，将来における不確実性や類似不動産に係る取引利回り等を勘案して査定する。

以上の観点を総合的に勘案し，評価対象不動産と競合関係にある不動産に係る取引利回り等を参考として，これに個別性を加味して，評価対象不動産の純収益に対応する還元利回りを5.3％と査定した。

⑶　直接還元法による収益価格

純収益を還元利回りで還元して，直接還元法による収益価格を次のとおり査定した。

| 純収益 | | 還元利回り | | 収益価格 |
|---|---|---|---|---|
| 113,344,000円 | ÷ | 5.3％ | ≒ | 2,140,000,000円 |

Ⓒ　収益還元法による収益価格

以上により，

Ⓑ　ＤＣＦ法による収益価格　　2,000,000,000円

Ⓒ　直接還元法による収益価格　2,140,000,000円

を得た。

ＤＣＦ法は，現行の賃貸借契約内容や賃借人の属性を前提として，将来のキャッシュフローの変動や出口の売却シナリオを明示的に表すことが可能である。将来のキャッシュフローについては，複数のシナリオが考えられる場合が多いが，本件において採用したシナリオは，オフィスマーケットの特性並びに評価対象不動産に係る現行の賃貸借契約条件及び運営状況を十分に勘案している。

直接還元法は一期間の純収益を還元利回りで還元するという手法であるため，将来の純収益の変動等に関する具体的な想定内容を明示し難いという側面を有するものの，収益性の指標でもある還元利回りについては，取引利回り等との比較検討が可能であり，実証性を有する。本件においては，貸室賃料収入や稼働率等について中長期的に安定した水準を採用することにより還元利回りの比較可能性を高め，市場における取引利回り等との比較考量を十分に行っている。

本件は，将来の純収益の変動を明示することによって価格を導いたＤＣＦ法による

収益価格がより説得力が高く，説得力があると判断した。したがって，ＤＣＦ法による収益価格を標準として，直接還元法による収益価格からの検証を行い，極めて近似する数値が求められたので，ＤＣＦ法による収益価格を適切と認め，収益還元法による収益価格を2,000,000,000円と査定した。

３．試算価格の調整と鑑定評価額の決定

以上により，

１．原価法による積算価格　　　　1,800,000,000円

２．収益還元法による収益価格　　2,000,000,000円

の試算価格を得た。両試算価格の再吟味及び説得力に係る判断を行い，鑑定評価を決定する。

積算価格は，主に費用性の観点から評価対象不動産の市場価値を把握したもので土地については取引事例比較法を適用して，実際の取引価格をもとに公示価格と均衡に留意して査定し，建物については評価対象建物の個別性を考慮した再調達原価を査定してこれに減価修正を行い，さらに土地建物一体としての市場性をも考慮して試算した。

収益価格は，主に収益性の観点から評価対象不動産の市場価値を把握したもので本件においては，直接還元法とＤＣＦ法を併用した。直接還元法においては，中長期的に安定的と認められる査定賃料等に基づく純収益を，類似不動産に係る取引回り等や評価対象不動産の個別性を反映した還元利回りで還元して求めており，ＤＣＦ法においては，毎年の収益の変動を予測し，分析期間中の純収益の現在価値と分析期間末の復帰価格の現在価値を合計して求めている。近時の不動産市場における収益物件については，収益性を重視した価格設定が定着しており，当該価格は収益性のみならず市場性をも反映した説得力の高い価格である。

両手法を適用する過程における共通要因の整合性を再検討すると，原価法における物理的要因・機能的要因・賃貸市場動向等収支見込みに関する経済的要因は，収益還元法における収支動向・各種利回りの査定において相互に考量されている。

本件においては収益価格が積算価格を上回って求められたが，これは積算価格査定における土地建物一体としての市場性の検討において，評価対象不動産を賃貸運用することにより得られる付加価値の増分を費用性の観点から適正に査定することにやや困難が伴い，積算価格に十分に反映できなかった可能性があるためと思料する。

評価対象不動産は，立地特性，建物用途等の不動産の諸属性からみると，投資不動産市場に属し，その主たる需要者は，国内外の法人投資家等が中心になると認められ，当該需要者は一般的にその収益性を重視して取引を行う傾向が強い。

以上の分析を踏まえ，本件においては，収益的側面からの価格形成プロセスを忠実に再現した収益価格がより説得力を有すると判断し，収益価格を採用し，積算価格は参考

に留め，鑑定評価額を2,000,000,000円と決定した。

［付　記］

1．売買に当たって，徴収済みの敷金の返還債務が新所有者に承継されるならば，売買代金は，本件鑑定評価額から当該敷金を控除することが妥当である。

2．評価対象不動産は最有効使用の状態にあり，投資採算性を基準に意思決定を行う法人投資家等がプライスリーダーとなって市場価値が形成されるものと認められるので，現実の社会経済情勢の下で合理的と考えられる条件を満たす市場で形成されるであろう市場価値を表示する適正な価格（正常価格）と本件特定価格には特段の差異はない。

〔土地明細〕

| ［所在及び地番］ | ［地　目］ | | ［地　積］ |
|---|---|---|---|
| 東京都○○区○○０丁目000番０ | 宅　地 | 登記簿 | ○○,○○○㎡○○ |
| 東京都○○区○○０丁目000番０ | 宅　地 | 登記簿 | ○○,○○○㎡○○ |
| 東京都○○区○○０丁目000番０ | 宅　地 | 登記簿 | ○○,○○○㎡○○ |
| | | 合　計 | ○○,○○○㎡○○ |

以　上

## (Ⅲ)　別　表

［鑑定評価概要］

①　鑑定評価の依頼目的及び依頼者と証券化関係者との関係
②　証券化対象不動産の実地調査に関する事項
③　不動産鑑定評価基準各論第３章別表１
④　公示価格を規準とした価格
⑤　取引事例比較法を採用して求めた価格
⑥　現行の賃貸条件等
⑦　新規賃料等の査定
⑧　中長期安定的に収受可能な賃料等の査定
⑨　ＤＣＦ法による収益価格
⑩　直接還元法による収益価格

（④～⑩　省略）

## (Ⅳ)　付属資料　　省　略

①　評価対象不動産の所在位置略図
②　同　　公図写，地図（不動産登記法第14条第１項）写
③　同　　建物図面・各階平面図写
④　同　　現況写真

別表①　鑑定評価の依頼目的及び依頼者と証券化関係者との関係

1　鑑定評価の依頼目的

本文参照

2　鑑定評価の依頼が必要となった背景等

投資信託及び投資法人に関する法律に基づき，特定資産（不動産）の取得時に行う価格調査の前提として鑑定評価が必要となったため

3　依頼者と証券化関係者との関係

⑴　証券化スキーム図

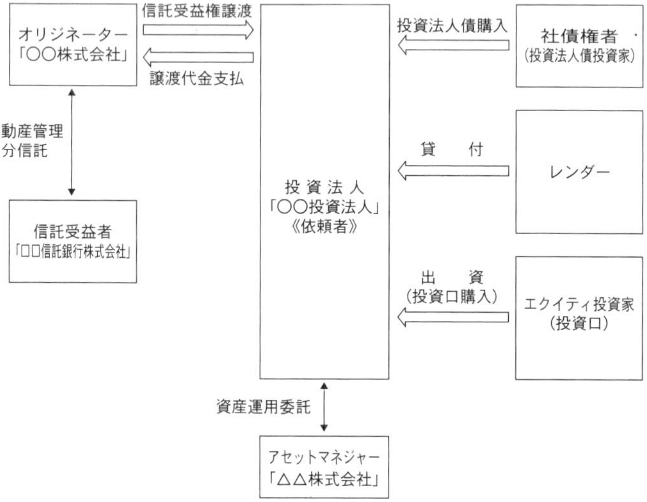


⑵　依頼者が証券化関係者のいずれであるかの別

投資法人

⑶　依頼者と証券化関係者との資本関係又は取引関係の有無及びこれらの関係を有する場合にあっては，その内容

依頼者へのヒアリング及び○○投資法人の開示情報によると，次のとおりである。

①　証券化関係者間で，関係会社に該当するなどの資本関係の有無とその内容

△△株式会社は，○○株式会社の関連会社である。

②　本件売買当事者間の過去３年程度以内における不動産売買等の実績の有無とその内容

○○投資法人は，○○株式会社から過去３年以内に約10件の物件を取得している。

⑷　その他依頼者と証券化関係者との特別な利害関係を有する場合にあっては，その内容

特にない

4　縁故若しくは特別の利害関係の有無及びその内容

本文参照

別表②　証券化対象不動産の実地調査に関する事項

| |
|---|
| 1　実地調査日<br>本文参照 |
| 2　実地調査を行った不動産鑑定士の氏名<br>○○○○<br>○○○○<br>○○○○ |
| 3　立会者及び評価対象不動産の施設管理者の氏名及び職業 |
| (1)　立会者<br>本文参照 |
| (2)　評価対象不動産の施設管理者<br>○○○ビル管理株式会社　○○　○○様<br>○○○ビル管理株式会社　●●　●●様 |
| 4　実地調査を行った範囲（内覧の有無を含む） |
| (1)　土　地<br>敷地内及び境界部分 |
| (2)　建　物<br>○階の専用部分及び○階の廊下，機械室，○○○室等の共用部分は内覧調査，そのほかの部分は外観調査 |
| 5　実地調査の一部を実施することができなかった場合にあっては，その理由 |
| (1)　内覧調査できなかった理由<br>現在賃借人が使用している部分についてはご指示により外観調査［依頼者へのヒアリング及びご提示の建物管理報告書等によると，前回評価の価格時点（平成○○年○月○日）以降，評価対象建物の価格形成に大きな影響を与えるような破損等はなく，また，大規模修繕等も行われていないことから，内覧調査は特に必要ないと判断し，外観調査により鑑定評価を行った。］ |
| (2)　状況の推測根拠<br>施設管理者へのヒアリング及び建物竣工図書･各階平面図により推測した。［依頼者へのヒアリング及びご提示の建物管理報告書等により推測した。］ |
| 6　実地調査により確認した事項<br>実地調査，上記施設管理者へのヒアリング等によると，評価対象不動産の権利関係，公法上の規制，アスベスト等の有害物質，耐震性及び増改築等の履歴等について，評価対象不動産の価格形成に影響をもつ個別的要因の主なものは，次のとおりである。<br>越境，アスベスト及び増改築履歴については，本文［別表○］参照。そのほかについては，特記すべき事項はない。 |

別表③　不動産鑑定評価基準各論第３章別表１

| 所在地 | 東京都○○区○丁目○番○号 | 物件名称 | ○○○○○ |
|---|---|---|---|
| 不動産鑑定士 | 所　属 | | 記入日 |
| ○○　○○ | ○○○不動産鑑定事務所 | | 平成○年10月31日 |

□エンジニアリング・レポート（以下「ＥＲ」という）の基本的属性・入手経緯

| 番号 | 調査報告書名 | 作成者 | | 依頼者 | 調査年月日 |
|---|---|---|---|---|---|
| | | 作成年月日 | 入手先（氏名及び職業） | | 入手年月日（ドラフト含む） |
| Ⅰ | 建物状況調査報告書 | 株式会社○○建築○○機構 | | 株式会社○○○ | 2008／10／ |
| | | 平成○年10月29日 | 株式会社○○○　○○○リーダー　○○　○○様 | | 平成○年10月30日 |
| Ⅱ | 土壌汚染Phase2.0調査報告書 | 株式会社○○環境調査 | | 株式会社○○○ | 平成○年10月14日 |
| | | 平成○年10月29日 | 株式会社○○○　○○○リーダー　○○　○○様 | | 平成○年10月30日 |
| Ⅲ | ○○区○○○土壌調査・土壌対策工事報告書 | 株式会社○○環境調査 | | 株式会社○○○ | 平成○年10月11日 |
| | | 2008／10／ | 株式会社○○○　○○○リーダー　○○　○○様 | | 平成○年10月30日 |
| Ⅳ | 土壌調査報告書○○○給油所 | 日本○○○○サービス株式会社 | | 株式会社○○○ | 平成○年10月17日 |
| | | 2007／６／ | 株式会社○○○　○○○リーダー　○○　○○様 | | 平成○年10月30日 |

| 提出されたＥＲについて，鑑定評価を行う上での対応方針，不動産鑑定士の調査の必要性・内容等 |
|---|
| ＥＲ作成者（株）○○建築検査機構は，ＥＲの実績も多く定評がある会社であり，内容は，ＢＥＬＣＡのガイドラインを満たしている事が確認できた。土壌汚染に係る調査は，土壌調査当該調査の実績を多く有する○○アプレイザルの調査結果を採用した。以上から，基本的に，鑑定評価を行う上でＥＲの記載内容を活用することとした。なお，公的資料等依頼者殿から別途ご提示のあった資料との照合結果からも，ＥＲの内容に疑義のある点は見当たらなかった。<br>土壌汚染に関する各調査内容の概要については，鑑定評価書本文に記載し，それらの妥当性と不動産鑑定士の調査結果との総合的な判断の結果，価格時点現在において評価対象不動産の価格形成に影響を与える土壌汚染はないと判断した。 |

□調査内容等

| 調査内容<br>調査報告書番号 | 項　　目<br>作成者説明者の場合チェック | ＥＲの活用及び鑑定士調査の別 | 鑑定評価において活用した内容とその根拠 |
|---|---|---|---|
| Ⅰ　1　建物状況調査<br>［建物概要］発行時削除<br>建物名称<br>○○○○用賀<br>建物用途<br>共同住宅<br>敷地面積<br>500.00㎡<br>建築面積<br>450.00㎡<br>延べ面積<br>4,000.00㎡<br>構造<br>ＲＣ造<br>規模<br>地上９階建て<br>竣工年次　済証Ｈ12.7<br>Ｈ13.8.30<br>特記事項<br>未竣工建物 | ①立地概要調査 □ | ☑ＥＲの活用<br>□鑑定士調査 | ・鑑定士調査との齟齬無く，ＥＲ記載内容を信用することに合理性が認められた。 |
| | ②建物概要調査 □ | ☑ＥＲの活用<br>□鑑定士調査 | ・鑑定士調査との齟齬無く，ＥＲ記載内容を信用することに合理性が認められた。 |
| | ③設備概要調査 □ | ☑ＥＲの活用<br>□鑑定士調査 | ・鑑定士調査との齟齬無く，ＥＲ記載内容を信用することに合理性が認められた。 |
| | ④構造概要調査 □ | ☑ＥＲの活用<br>□鑑定士調査 | ・鑑定士調査との齟齬無く，ＥＲ記載内容を信用することに合理性が認められた。 |
| | ⑤法上の規制等・公法上の規制等 □ | ☑ＥＲの活用<br>□鑑定士調査 | ・鑑定士調査との齟齬無く，ＥＲ記載内容を信用することに合理性が認められた。 |
| | ⑥法上の規制等・法令遵守状況 □ | ☑ＥＲの活用<br>□鑑定士調査 | 問題項目 ○有 ⊙無 ／ 価格影響 ○有 ⊙無 ／ ・ＥＲ記載内容を信用することに合理性が認められた。 |
| | ⑦更新・改修の履歴・計画 | ☑ＥＲの活用<br>□鑑定士調査 | ・鑑定士調査との齟齬無く，ＥＲ記載内容を信用することに合理性が認められた。 |
| | ⑧緊急修繕更新費 □<br>０円 | ☑ＥＲの活用<br>□鑑定士調査 | 額補修正 ○有 ⊙無 ／ ・ＥＲ記載内容を信用することに合理性が認められた |
| | ⑨短期修繕更新費 □<br>7,000,000円 | ☑ＥＲの活用<br>☑鑑定士調査 | 額補修正 ⊙有 ○無 ／ ・ＥＲ記載内容を信用することに合理性が認められたが，価格査定上は鑑定士の判断に基づき加工して採用した（ＤＣＦ法参照） |
| | ⑩長期修繕更新費 □<br>21,000,000円 | ☑ＥＲの活用<br>☑鑑定士調査 | 額補修正 ⊙有 ○無 ／ ・ＥＲ記載内容を信用することに合理性が認められたが，価格査定上は鑑定士の判断に基づき加工して採用した（ＤＣＦ法参照） |
| | ⑪　再調達価格 □<br>978,000,000円 | ☑ＥＲの活用<br>☑鑑定士調査 | 額補修正 ⊙有 ○無 ／ ・ＥＲにおける再調達価格は，建築請負額と同一であるが，建築時点からの時点修正を見直し，再調達原価は本文記載の額を採用 |
| 2　建物環境リスク評価 | ①　アスベスト □<br>（フェーズⅠ） □ | ☑ＥＲの活用<br>別途判断根拠等 | 吹付け材 ○有 ⊙無 ／ 含有判定の可否と有無 ○可（○有⊙無） ○否 ／ 価格影響 ⊙有 ○無 |
| | ☑図面 ☑目視<br>☑聴聞 ☑公的 | ☑既往調査下表<br>☑鑑定士調査 | ・ＥＲでは，「現地調査，図面調査において現認されず，竣工時期から推定して，問題ないものと判断する」と記載され，竣工直前の建物であり，内覧が不可能であったが，竣工時点からアスベスト含有建材を使用している可能性は小さい。 |
| | ②　ＰＣＢ □<br>☑国税☑聴聞☑公的 | ☑ＥＲの活用<br>☑鑑定士調査 | 価格影響 ○有 ⊙無 ／ ・ＥＲでは「使用機器は存在しないものと推定される。」とされ，鑑定士調査においても使用・保管は認められなかった。 |
| | ③　その他 | □ＥＲの活用<br>□鑑定士調査 | ・特記事項なし |
| 3　土壌汚染リスク評価 | 土壌地下水汚染 □<br>（フェーズ１） □ | ☑ＥＲの活用<br>別途判断根拠等 | 汚染有無 ○有 ⊙無 ／ 対策実施 ○有 ⊙無 ／ 対策計画 ○有 ⊙無 ／ 価格影響 ○有 ⊙無 |
| | ☑図面 ☑目視<br>☑聴聞 ☑公的 | ☑既往調査下表<br>☑鑑定士調査 | 詳細は続紙参照 |
| 4　地震リスク評価 | ＰＭＬ□　簡易分析 □<br>10.7%☑　詳細分析 □ | ☑ＥＲの活用<br>☑鑑定士調査 | ＥＲには，地震保険付保を検討する際の一般的な基準とされている確率レベル「50年10%超過確率」は10.7%であり，この調査範囲において地震リスクは軽微であり，地震保険を付保する費用負担を支出と見込む必要はないと判断した。 |

| | | | |
|---|---|---|---|
| a　耐震性調査<br>専門家調査有○無⊙ | □耐震診断調査 □<br>□ | □ＥＲの活用<br>☑鑑定士調査 | ・新耐震基準に則った設計に基づき建築されており，特段の問題はないと考えられる。ＯＲ<br>耐震補強工事が過去に実施されており，特段の問題はないと考えられる。<br>… |
| b　地下埋設物調査<br>専門家調査有○無⊙ | □建物基礎調査 □<br>□廃棄物調査 □ | □ＥＲの活用<br>☑鑑定士調査 | ・従前建物の基礎が存在するが，地有効使用建物の建築にあたっての特段の阻害要因はないと考えられる。ＯＲ　過去に廃棄物を継続的に埋設した部分があったが，既に全量を掘削除去場外搬出済みである。…等 |
| c　建物環境リスク評価<br>専門家調査有○無⊙ | □アスベスト（フェーズⅠ）□<br>□アスベスト（フェーズⅡ）□ | □ＥＲの活用<br>☑鑑定士調査 | 状況確定 ○有 ⊙無 ／ 対策実施 ○有 ⊙無 ／ 対策計画 ○有 ⊙無 ／ 価格影響 ○有 ⊙無 |
| Ⅱ Ⅲ Ⅳ　d　土壌汚染リスク評価<br>専門家調査有⊙無○ | □土壌汚染（フェーズⅠ）□<br>☑土壌汚染（フェーズⅡ）□ | ☑ＥＲの活用<br>☑鑑定士調査 | 状況確定 ⊙有 ○無 ／ 対策実施 ⊙有 ○無 ／ 対策計画 ○有 ⊙無 ／ 価格影響 ○有 ⊙無 |

（注）「フェーズⅠ」とは根拠調査・資料収集分析・ヒアリングによる有害又は汚染物質の可能性の調査，「フェーズⅡ」とは資料採取と化学的分析による有害又は汚染物質の有無の確認を行う調査。「簡易分析」とは統計的な手法による分析，「詳細分析」とは解析的な手法による分析。

# 主なる参考文献


## 第１編

「基礎から学ぶ不動産投資ビジネス」（田辺信之著／日経不動産マーケット情報編，2007年）日経ＢＰ社

「市街地価格指数」（財団法人日本不動産研究所）

「不動産投資家調査」（財団法人日本不動産研究所）

「全国賃料統計」（財団法人日本不動産研究所）

「平成20年版土地白書」「平成21年版土地白書（概要）」（国土交通省）

「平成20年度　不動産証券化の実態調査」（国土交通省）

「不動産投資リスクの基礎知識」（三菱ＵＦＪ信託銀行不動産コンサルタント部著／日経不動産マーケット情報，2006年）日経ＢＰ社

「投資不動産の分析と評価」（財団法人日本不動産研究所／投資不動産評価研究会編，2000年）東洋経済

「不動産証券化ハンドブック　2007－2008」（社団法人不動産証券化協会）

## 第２編

「新不動産鑑定評価要説７訂版」（宮ヶ原光正著）税務経理協会

「不動産鑑定評価基準」（国土交通省）

「証券化対象不動産の価格に関する鑑定評価適用上の留意事項」（社団法人日本不動産鑑定協会，平成19年３月）

「証券化対象不動産の価格に関する鑑定評価の実務指針」（社団法人日本不動産鑑定協会，平成19年３月）

「エンジニアリング・レポートの手引き」（社団法人日本不動産鑑定協会，平成19年３月）

「不動産投資・取引におけるエンジニアリング・レポート作成に係るガイドライン」（社団法人建築・設備維持保全推進協会／社団法人日本ビルヂン

グ協会連合会）
「不動産の鑑定評価に関する基本的考察」（櫛田光男著）住宅新報社
「不当な鑑定評価等及び違反行為に係る処分基準」（国土交通省，平成20年３月）
「不動産鑑定士の責任」（藤原秀紀論文，新・裁判実務大系／専門家責任訴訟法）青林書院
「大和都市管財事件」（平成17年１月31日　東京地裁判決，判例時報1888号）
「大和都市管財事件」（平成18年７月19日　東京高裁判決，判例時報1945号）

# 参考資料

Ⅰ　不動産鑑定評価基準の一部改正
Ⅱ　海外投資不動産鑑定評価のガイドライン
Ⅲ　平成20年11月28日　企業会計基準委員会より公表された企業会計基準第20号「賃貸等不動産の時価等の開示に関する会計基準」及び企業会計基準適用指針第23号「賃貸等不動産の時価等の開示に関する会計基準の適用指針」

# Ⅰ　不動産鑑定評価基準の一部改正

平成19年３月に不動産鑑定評価基準の一部改正として，各論に「第３章　証券化対象不動産の価格に関する鑑定評価」及び不動産鑑定評価基準運用上の留意事項に「Ⅸ　各論第３章　証券化対象不動産の価格に関する鑑定評価について」が追加された。また，「不動産鑑定士等」を「不動産鑑定士」に改め，総論第７章第１節Ⅳ３．⑶の中のただし書きを削除した。

したがって，不動産鑑定評価基準の構成は次のとおりである。

総　論

　第１章　不動産の鑑定評価に関する基本的考察

　第２章　不動産の種別及び類型

　第３章　不動産の価格を形成する要因

　第４章　不動産の価格に関する諸原則

　第５章　鑑定評価の基本的事項

　第６章　地域分析及び個別分析

　第７章　鑑定評価の方式

　第８章　鑑定評価の手順

　第９章　鑑定評価報告書

各　論

　第１章　価格に関する鑑定評価

　第２章　賃料に関する鑑定評価

　第３章　証券化対象不動産の価格に関する鑑定評価

附　則

　別表１

　別表２

別添　不動産鑑定評価基準運用上の留意事項

　Ⅰ「総論第２章　不動産の種別及び類型」について

　Ⅱ「総論第３章　不動産の価格を形成する要因」について

Ⅲ 「総論第５章　鑑定評価の基本的事項」について
Ⅳ 「総論第６章　地域分析及び個別分析」について
Ⅴ 「総論第７章　鑑定評価の方式」について
Ⅵ 「総論第８章　鑑定評価の手順」について
Ⅶ 「各論第１章　価格に関する鑑定評価」について
Ⅷ 「各論第２章　賃料に関する鑑定評価」について
Ⅸ 「各論第３章　証券化対象不動産の価格に関する鑑定評価」について

（別添１）

# 不動産鑑定評価基準

平成14年７月３日全部改正
平成19年４月２日一部改正
国　土　交　通　省

総論及び各論第１章，第２章は省略。

## 第３章　証券化対象不動産の価格に関する鑑定評価

### 第１節　証券化対象不動産の鑑定評価の基本的姿勢

Ⅰ　証券化対象不動産の範囲

この章において「証券化対象不動産」とは，次のいずれかに該当する不動産取引の目的である不動産又は不動産取引の目的となる見込みのある不動産（信託受益権に係るものを含む。）をいう。

⑴　資産の流動化に関する法律に規定する資産の流動化並びに投資信託及び投資法人に関する法律に規定する投資信託に係る不動産取引並びに同法に規定する投資法人が行う不動産取引

⑵　不動産特定共同事業法に規定する不動産特定共同事業契約に係る不動産取引

⑶　金融商品取引法第２条第１項第５号，第９号（専ら不動産取引を行うことを目的として設置された株式会社（会社法の施行に伴う関係法律の整備等に関する法律第２条第１項の規定により株式会社として存続する有限会社を含む。）に係るものに限る。），第14号及び第16号に規定する有価証券並びに同条第２項第１号，第３号及び第５号の規定により有価証券とみなされる権利の債務の履行等を主たる目的として収益又は利益を生ずる不動産取引

証券化対象不動産の鑑定評価は，この章の定めるところに従って行わなければならない。この場合において，鑑定評価報告書にその旨を記載しなければならない。

証券化対象不動産以外の不動産の鑑定評価を行う場合にあっても，投資用の賃貸大型不動産の鑑定評価を行う場合その他の投資家及び購入者等の保護の観点から必要と認められる場合には，この章の定めに準じて，鑑定評価を行うよう努めなければならない。

Ⅱ　不動産鑑定士の責務

⑴　不動産鑑定士は，証券化対象不動産の鑑定評価の依頼者（以下単に「依頼者」とい

う。）のみならず広範な投資家等に重大な影響を及ぼすことを考慮するとともに，不動産鑑定評価制度に対する社会的信頼性の確保等について重要な責任を有していることを認識し，証券化対象不動産の鑑定評価の手順について常に最大限の配慮を行いつつ，鑑定評価を行わなければならない。

⑵　不動産鑑定士は，証券化対象不動産の鑑定評価を行う場合にあっては，証券化対象不動産の証券化等が円滑に行なわれるよう配慮しつつ，鑑定評価に係る資料及び手順等を依頼者に説明し，理解を深め，かつ，協力を得るものとする。また，証券化対象不動産の鑑定評価書については，依頼者及び証券化対象不動産に係る利害関係者その他の者がその内容を容易に把握・比較することができるようにするため，鑑定評価報告書の記載方法等を工夫し，及び鑑定評価に活用した資料等を明示することができるようにするなど説明責任が十分に果たされるものとしなければならない。

⑶　証券化対象不動産の鑑定評価を複数の不動産鑑定士が共同して行う場合にあっては，それぞれの不動産鑑定士の役割を明確にした上で，常に鑑定評価業務全体の情報を共有するなど密接かつ十分な連携の下，すべての不動産鑑定士が一体となって鑑定評価の業務を遂行しなければならない。

## 第２節　処理計画の策定

Ⅰ　処理計画の策定に当たっての確認事項

処理計画の策定に当たっては，あらかじめ，依頼者に対し，証券化対象不動産の鑑定評価に関する次の事項を確認し，鑑定評価の作業の円滑かつ確実な実施を行うことができるよう適切かつ合理的な処理計画を策定するものとする。この場合において，確認された事項については，処理計画に反映するとともに，当該事項に変更があった場合にあっては，処理計画を変更するものとする。

⑴　鑑定評価の依頼目的及び依頼が必要となった背景

⑵　対象不動産が第１節Ⅰ⑴，⑵又は⑶のいずれに係るものであるかの別

⑶　エンジニアリング・レポート（建築物，設備等及び環境に関する専門的知識を有する者が行った証券化対象不動産の状況に関する調査報告書をいう。以下同じ。），ＤＣＦ法等を適用するために必要となる資料その他の資料の主な項目及びその入手時期

⑷　エンジニアリング・レポートを作成した者からの説明の有無

⑸　対象不動産の内覧の実施を含めた実地調査の範囲

⑹　その他処理計画の策定のために必要な事項

Ⅱ　確認事項の記録

第２節Ⅰ⑴から⑹までの事項の確認を行った場合には，それぞれ次の事項に関する記録を作成し，及び鑑定評価報告書の附属資料として添付しなければならない。

⑴　確認を行った年月日

⑵　確認を行った不動産鑑定士の氏名

⑶　確認の相手方の氏名及び職業

⑷　確認の内容及び当該内容の処理計画への反映状況

⑸　確認の内容の変更により鑑定評価の作業，内容等の変更をする場合にあっては，その内容

Ⅲ　鑑定評価の依頼目的及び依頼者の証券化関係者との関係

証券化対象不動産については，関係者が多岐にわたり利害関係が複雑であることも多く，証券化対象不動産の鑑定評価の依頼目的及び依頼が必要となった背景等並びに依頼者と証券化対象不動産との利害関係に関する次の事項を鑑定評価報告書に記載しなければならない。

⑴　依頼者が証券化対象不動産の証券化に係る利害関係者（オリジネーター，アレンジャー，アセットマネジャー，レンダー，エクイティ投資家又は特別目的会社・投資法人・ファンド等をいい，以下「証券化関係者」という。）のいずれであるかの別

⑵　依頼者と証券化関係者との資本関係又は取引関係の有無及びこれらの関係を有する場合にあっては，その内容

⑶　その他依頼者と証券化関係者との特別な利害関係を有する場合にあっては，その内容

## 第３節　証券化対象不動産の個別的要因の調査等

Ⅰ　対象不動産の個別的要因の調査等

証券化対象不動産の個別的要因の調査等に当たっては，証券化対象不動産の物的・法的確認を確実かつ詳細に行うため，依頼された証券化対象不動産の鑑定評価のための実地調査について，依頼者（依頼者が指定した者を含む。）の立会いの下，対象不動産の内覧の実施を含めた実地調査を行うとともに，対象不動産の管理者からの聴聞等により権利関係，公法上の規制，アスベスト等の有害物質，耐震性及び増改築等の履歴等に関し鑑定評価に必要な事項を確認しなければならない。

Ⅱ　実地調査

不動産鑑定士は，実地調査に関し，次の事項を鑑定評価報告書に記載しなければならない。

⑴　実地調査を行った年月日

⑵　実地調査を行った不動産鑑定士の氏名

⑶　立会人及び対象不動産の管理者の氏名及び職業

⑷　実地調査を行った範囲（内覧の有無を含む。）及び実地調査により確認した内容

(5) 実地調査の一部を実施することができなかった場合にあっては，その理由

Ⅲ エンジニアリング・レポートの取扱いと不動産鑑定士が行う調査

(1) 証券化対象不動産の鑑定評価に当たっては，不動産鑑定士は，依頼者に対し当該鑑定評価に際し必要なエンジニアリング・レポートの提出を求め，その内容を分析・判断した上で，鑑定評価に活用しなければならない。ただし，エンジニアリング・レポートの提出がない場合又はその記載された内容が鑑定評価に活用する資料として不十分であると認められる場合には，エンジニアリング・レポートに代わるものとして不動産鑑定士が調査を行うなど鑑定評価を適切に行うため対応するものとし，対応した内容及びそれが適切であると判断した理由について，鑑定評価報告書に記載しなければならない。

(2) エンジニアリング・レポートの提出がない場合又はその記載されている内容が不十分である場合として想定される場合を例示すれば，既に鑑定評価が行われたことがある証券化対象不動産の再評価をする場合，証券化対象不動産が更地である場合（建物を取り壊す予定である場合を含む。）等がある。

(3) エンジニアリング・レポートの内容を鑑定評価に活用するか否かの検討に当たっては，その判断及び根拠について，鑑定評価報告書に記載しなければならない。この場合においては，少なくとも次の表の項目ごとに，それぞれ同表に掲げる内容を鑑定評価報告書に記載しなければならない。この場合における鑑定評価報告書の様式の例は，別表1のとおりとする。なお，(1)ただし書きの場合においても，同様とする。

| 項　目 | 内　容 |
|---|---|
| エンジニアリング・レポートの基本的属性 | ・エンジニアリング・レポートの作成者の名称等<br>・エンジニアリング・レポートの調査が行われた日及び作成された日 |
| エンジニアリング・レポートの入手経緯，対応方針等 | ・入手先（氏名及び職業等）<br>・入手した日<br>・エンジニアリング・レポートの作成者からの説明の有無等<br>・入手したエンジニアリング・レポートについて鑑定評価を行う上での対応方針等 |
| 鑑定評価に必要となる専門性の高い個別的要因に関する調査 | 次に掲げる専門性の高い個別的要因に関する調査について，エンジニアリング・レポートを活用するか又は不動産鑑定士の調査を実施（不動産鑑定士が他の専門家へ調査を依頼する場合を含む。）するかの別<br>・公法上及び私法上の規制，制約等（法令遵守状況調査を |

| | |
|---|---|
| | 含む。)<br>・修繕計画<br>・再調達価格<br>・有害な物質（アスベスト等）に係る建物環境<br>・土壌汚染<br>・地震リスク<br>・耐震性<br>・地下埋設物 |
| 鑑定評価に必要となる専門性の高い個別的要因に関する調査についての不動産鑑定士の判断 | 専門性の高い個別的要因に関する調査に関する対応について，エンジニアリング・レポートの記載内容を活用した場合，不動産鑑定士の調査で対応した場合等の内容，根拠等 |

⑷　エンジニアリング・レポートについては，不動産証券化市場の環境の変化に対応してその内容の改善・充実が図られていくことにかんがみ，エンジニアリング・レポートを作成する者との密接な連携を図りつつ，常に自らのエンジニアリング・レポートに関する知識・理解を深めるための研鑽に努めなければならない。

## 第４節　ＤＣＦ法の適用等

証券化対象不動産の鑑定評価における収益価格を求めるに当たっては，ＤＣＦ法を適用しなければならない。この場合において，併せて直接還元法を適用することにより検証を行うことが適切である。

Ⅰ　ＤＣＦ法の適用過程等の明確化

⑴　ＤＣＦ法の適用に当たっては，ＤＣＦ法による収益価格を求める際に活用する資料を次に定める区分に応じて，その妥当性や判断の根拠等を鑑定評価報告書に記載しなければならない。

①　依頼者から入手した対象不動産に係る収益又は費用の額その他の資料をそのまま活用する場合

②　依頼者から入手した対象不動産に係る収益又は費用の額その他の資料に修正等を加える場合

③　自らが入手した対象不動産に係る収益又は費用の額その他の資料を活用する場合

⑵　ＤＣＦ法による収益価格を求める場合に当たっては，最終還元利回り，割引率，収益及び費用の将来予測等査定した個々の項目等に関する説明に加え，それらを採用して収益価格を求める過程及びその理由について，経済事情の変動の可能性，具体的に

検証した事例及び論理的な整合性等を明確にしつつ，鑑定評価報告書に記載しなければならない。また，複数の不動産鑑定士が共同して複数の証券化対象不動産の鑑定評価を行う場合にあっては，ＤＣＦ法の適用において活用する最終還元利回り，割引率，収益及び費用の将来予測等について対象不動産相互間の論理的な整合性を図らなければならない。

⑶　鑑定評価報告書には，ＤＣＦ法で査定した収益価格（直接還元法による検証を含む。）と原価法及び取引事例比較法等で求めた試算価格との関連について明確にしつつ，鑑定評価額を決定した理由について記載しなければならない。

⑷　ＤＣＦ法の適用については，今後，さらなる精緻化に向けて自己研鑽に努めることにより，説明責任の向上を図る必要がある。

Ⅱ　ＤＣＦ法の収益費用項目の統一等

⑴　ＤＣＦ法の適用により収益価格を求めるに当たっては，証券化対象不動産に係る収益又は費用の額につき，連続する複数の期間ごとに，次の表の項目（以下「収益費用項目」という。）に区分して鑑定評価報告書に記載しなければならない（収益費用項目ごとに，記載した数値の積算内訳等を付記するものとする）。この場合において，同表の項目の欄に掲げる項目の定義は，それぞれ同表の定義の欄に掲げる定義のとおりとする。

| 項目 | | 定義 |
|---|---|---|
| 運営収益 | 貸室賃料収入 | 対象不動産の全部又は貸室部分について賃貸又は運営委託をすることにより経常的に得られる収入（満室想定） |
| | 共益費収入 | 対象不動産の維持管理・運営において経常的に要する費用（電気・水道・ガス・地域冷暖房熱源等に要する費用を含む）のうち，共用部分に係るものとして賃借人との契約により徴収する収入（満室想定） |
| | 水道光熱費収入 | 対象不動産の運営において電気・水道・ガス・地域冷暖房熱源等に要する費用のうち，貸室部分に係るものとして賃借人との契約により徴収する収入（満室想定） |
| | 駐車場収入 | 対象不動産に附属する駐車場をテナント等に賃貸することによって得られる収入及び駐車場を時間貸しすることによって得られる収入 |
| | その他収入 | その他看板，アンテナ，自動販売機等の施設設置料，礼金・更新料等の返還を要しない一時金等の収入 |
| | 空室等損失 | 各収入について空室や入替期間等の発生予測に基づく減少分 |
| | 貸倒れ損失 | 各収入について貸倒れの発生予測に基づく減少分 |

| | | |
|---|---|---|
| 運営費用 | 維持管理費 | 建物・設備管理，保安警備，清掃等対象不動産の維持・管理のために経常的に要する費用 |
| | 水道光熱費 | 対象不動産の運営において電気・水道・ガス・地域冷暖房熱源等に要する費用 |
| | 修繕費 | 対象不動産に係る建物，設備等の修理，改良等のために支出した金額のうち当該建物，設備等の通常の維持管理のため，又は一部がき損した建物，設備等につきその原状を回復するために経常的に要する費用 |
| | プロパティマネジメントフィー | 対象不動産の管理業務に係る経費 |
| | テナント募集費用等 | 新規テナントの募集に際して行われる仲介業務や広告宣伝等に要する費用及びテナントの賃貸借契約の更新や再契約業務に要する費用等 |
| | 公租公課 | 固定資産税（土地・建物・償却資産），都市計画税（土地・建物） |
| | 損害保険料 | 対象不動産及び附属設備に係る火災保険，対象不動産の欠陥や管理上の事故による第三者等の損害を担保する賠償責任保険等の料金 |
| | その他費用 | その他支払地代，道路占用使用料等の費用 |
| 運営純収益 | | 運営収益から運営費用を控除して得た額 |
| 一時金の運用益 | | 預り金的性格を有する保証金等の運用益 |
| 資本的支出 | | 対象不動産に係る建物，設備等の修理，改良等のために支出した金額のうち当該建物，設備等の価値を高め，又はその耐久性を増すこととなると認められる部分に対応する支出 |
| 純収益 | | 運営純収益に一時金の運用益を加算し資本的支出を控除した額 |

⑵　ＤＣＦ法の適用により収益価格を求めるに当たっては，収益費用項目及びその定義について依頼者に提示・説明した上で必要な資料を入手するとともに，収益費用項目ごとに定められた定義に該当していることを確認しなければならない。

⑶　ＤＣＦ法を適用する際の鑑定評価報告書の様式の例は，別表２のとおりとする。証券化対象不動産の用途，類型等に応じて，実務面での適合を工夫する場合は，同表２に必要な修正を加えるものとする。

附　則

1．この基準は，平成19年７月１日から施行する。

2．不動産鑑定士補は，改正後の基準の適用については，不動産鑑定士とみなす。

3．国土交通省は，毎年一回程度，この通知による改正後の不動産鑑定評価基準に基づく実務の状況について検討を加え必要があると認めるときには，その結果に基づいてこの基準の改訂など所要の措置を講ずるものとする。

## 別表 1

| 不動産鑑定士 | | 所属 | | 記入日 | | 物件名称 | | 物件所在地 | |
|---|---|---|---|---|---|---|---|---|---|

エンジニアリング・レポートの基本的属性・入手経緯

| | | 作成者 | 依頼者 | 調査年月日 | 作成年月日 | 入手先（氏名及び職業等） | 入手年月日 |
|---|---|---|---|---|---|---|---|
| エンジニアリング・レポートの基本的属性・入手経緯 | A | | | | | | |
| | B | | | | | | |
| | C | | | | | | |
| | D | | | | | | |

| | |
|---|---|
| 提出されたエンジニアリング・レポートについて，鑑定評価を行う上での対応方針，不動産鑑定士の調査の必要性・内容等 | |

| 調査内容及び作成者<br>(※作成者欄には上記A，B，C又はDを記載) | | 作成者からの説明 | 項目 | エンジニアリング・レポートの活用又は不動産鑑定士の調査の別 | 鑑定評価において活用した事項とその根拠 |
|---|---|---|---|---|---|
| 1　建物状況調査 | | | 立地概要調査 | | |
| | | | 建物概要調査 | | |
| | | | 設備概要調査 | | |
| | | | 構造概要調査 | | |
| | | | 公法上及び私法上の規制，制約等（法令遵守状況調査を含む。） | | |
| | | | 更新・改修履歴とその計画の調査 | | |
| | | | 緊急修繕更新費 | | |
| | | | 短期修繕更新費 | | |
| | | | 長期修繕更新費 | | |
| | | | 再調達価格 | | |
| 2　建物環境調査 | | | アスベスト（フェーズⅠ） | | |
| | | | ＰＣＢ | | |
| | | | その他の項目 | | |
| 3　土壌汚染リスク評価 | | | 土壌調査（フェーズⅠ） | | |
| 4　地震リスク評価 | | | 簡易分析 | | |
| | | | 詳細分析 | | |

| | | | | | |
|---|---|---|---|---|---|
| 地下埋設物 | | | | | |
| 建物環境調査 | | | アスベスト（フェーズⅡ） | | |
| 土壌汚染リスク評価 | | | 土壌調査（フェーズⅡ） | | |
| | | | 環境アセスメント等 | | |
| 耐震性調査 | | | 建築士等による耐震診断 | | |

(注)　「フェーズⅠ」とは現地調査・資料収集分析・ヒアリングによる有害又は汚染物質の可能性の調査，「フェーズⅡ」とは試料採取と化学的分析による有害又は汚染物質の有無の確認を行う調査。「簡易分析」とは統計的な手法による分析，「詳細分析」とは解析的な手法による分析。

# 別表 2

対象不動産の表示

| | | | | | | |
|---|---|---|---|---|---|---|
| 土地 | 所在及び地番 | 地目 | 地積 | | | |
| | | | | | | |
| 建物 | 所在 | 家屋番号 | 構造 | 用途 | 床面積 | 新築年月日 |
| | | | | | | |

| | | | 1 | 2 | · | · | · | · | · | · | · | n | 保有期間満了時点翌 年(n＋1) |
|---|---|---|---|---|---|---|---|---|---|---|---|---|---|
| (a) | 運営収益 | 貸室賃料収入 | | | | | | | | | | | |
| (b) | | 共益費収入 | | | | | | | | | | | |
| (c) | | （共益費込み貸室賃料収入） [(a)＋(b)] | | | | | | | | | | | |
| (d) | | 水道光熱費収入 | | | | | | | | | | | |
| (e) | | 駐車場収入 | | | | | | | | | | | |
| (f) | | その他収入（　　　　　） | | | | | | | | | | | |
| ① | | (c)＋(d)＋(e)＋(f) | | | | | | | | | | | |
| | | (c)(d)空室等損失 | | | | | | | | | | | |
| | | (e)(f)空室等損失 | | | | | | | | | | | |
| (g) | | 空室等損失合計 | | | | | | | | | | | |
| (h) | | 貸倒損失 | | | | | | | | | | | |
| ② | 運営収益 [①－(g)－(h)] | | | | | | | | | | | | |
| (i) | 運営費用 | 維持管理費 | | | | | | | | | | | |
| (j) | | 水道光熱費 | | | | | | | | | | | |
| (k) | | 修繕費 | | | | | | | | | | | |
| (l) | | プロパティマネジメントフィー | | | | | | | | | | | |
| (m) | | テナント募集費用等 | | | | | | | | | | | |
| (n) | | 公租公課 土地 | | | | | | | | | | | |
| | | 公租公課 建物 | | | | | | | | | | | |
| | | 公租公課 償却資産 | | | | | | | | | | | |
| (o) | | 損害保険料 | | | | | | | | | | | |
| (p) | | その他の費用 | | | | | | | | | | | |
| ③ | | 運営費用 [(i)＋(j)＋(k)＋(l)＋(m)＋(n)＋(o)＋(p)] | | | | | | | | | | | |
| ④ | 運営純収益 [②＋③] | | | | | | | | | | | | |
| (q) | | 一時金の運用益 | | | | | | | | | | | |
| (r) | | 資本的支出 | | | | | | | | | | | |
| ⑤ | 純収益 [④＋(q)－(r)] | | | | | | | | | | | | |
| | | | | | | | | | | | | | |
| | | （参考） | | | | | | | | | | | |
| | | ＯＥＲ（運営費用／運営収益） | | | | | | | | | | | |
| | | 預り一時金（敷金・保証金等）残高 | | | | | | | | | | | |
| | | 複利現価率 | | | | | | | | | | | |
| (s) | | 現在価値 | | | | | | | | | | | |
| (t) | | (s) 欄合計 | | | | | | | | | | | |

| 査定根拠 | | |
|---|---|---|
| 査定方法 | | 補足 |
| 依頼者から入手した資料又はその他の資料を採用する場合，修正を加える場合，自らが入手した資料を採用する場合の別及びその根拠 | 変動予測 | |
| | | |

| | |
|---|---|
| 収益価格 ((t)＋(x)) ※ | |

| | | |
|---|---|---|
| (u) | 売却価格((n＋1)年度の⑤÷(z)) | |
| (v) | 売却費用 | |
| (w) | 復帰価格(u)－(v) | |
| (x) | 復帰価格現在価値 | |
| (y) | 割引率 | % |
| (z) | 最終還元利回り | % |

| 査定根拠 | 補足 |
|---|---|
| | |
| | |
| | |
| | |
| | |
| | |

（別添２）

# 不動産鑑定評価基準運用上の留意事項の一部改正

不動産鑑定評価基準運用上の留意事項（平成14年７月３日付け国土交通事務次官通知）の一部を次のように改正する。

目次中Ⅷ「各論第２章　賃料に関する鑑定評価」についての次に次の一章を加える。

Ⅸ「各論第３章　証券化対象不動産の価格に関する鑑定評価」について

「不動産鑑定士等」を「不動産鑑定士」に改める。

Ⅸ「各論第３章　証券化対象不動産の価格に関する鑑定評価」について

１．証券化対象不動産の基本姿勢について

⑴　各論第３章第１節Ⅰに定める証券化対象不動産については，従前に鑑定評価が行われたものを再評価する場合にあっても，各論第３章に従って鑑定評価を行わなければならないものであることに留意する必要がある。

２．処理計画の策定について

⑴　処理計画の策定に当たっての確認については，対象不動産の鑑定評価を担当する不動産鑑定士以外の者が行う場合もあり得るが，当該不動産鑑定士が鑑定評価の一環として責任を有するものであることに留意しなければならない。

⑵　処理計画の策定に当たっての確認において，依頼者から鑑定評価を適切に行うための資料の提出等について依頼者と交渉を行った場合には，その経緯を確認事項として記録しなければならない。また，確認事項の記録を鑑定評価報告書の附属資料として添付することとしているが，鑑定評価書への添付までを求めるものではないが，同記録は不動産の鑑定評価に関する法律施行規則第38条第２項に定める資料として保管されなければならないことに留意する必要がある。

⑶　エンジニアリング・レポート及びＤＣＦ法等を適用するために必要となる資料等の入手が複数回行われる場合並びに対象不動産の実地調査が複数回行われる場合にあっては，各段階ごとの確認及び記録が必要であることに留意しなければならない。

⑷　各論第３章第２節Ⅲに，依頼者の証券化関係者との関係について記載する旨定めているが，不動産鑑定士の対象不動産に関する利害関係又は対象不動産に関し利害関係を有する者との縁故若しくは特別の利害関係の依頼及び内容については，総論第９章

第2節により記載する必要があることに留意しなければならない。

3．証券化対象不動産の個別的要因の調査について

証券化対象不動産の個別的要因の調査に当たっては，次に掲げる事項に留意する必要がある。

⑴　エンジニアリング・レポートの活用に当たっては，不動産鑑定士が主体的に責任を持ってその活用の有無について判断を行うものであることに留意する必要がある。また，エンジニアリング・レポートの内容の適切さや正確さ等の判断に当たっては，必要に応じて，建築士等他の専門家の意見も踏まえつつ検証するよう努めなければならないことに留意する必要がある。

既存のエンジニアリング・レポートの活用で対応できる場合がある一方，エンジニアリング・レポートが形式的に項目を満たしていても，鑑定評価にとって不十分で不動産鑑定士の調査が必要となる場合もある。

⑵　鑑定評価に必要な対象不動産の物的確認，法的確認等に当たっては，各論第3章第3節Ⅲ⑶の表に掲げる内容や別表1の項目に掲げる内容が必要最小限度のものを定めたものであり，必要に応じて項目・内容を追加し，確認しなければならないことに留意する必要がある。

⑶　できる限り依頼者からエンジニアリング・レポートの全部の提供を受けるとともに，エンジニアリング・レポートの作成者からの説明を直接受ける機会を求めることが必要である。

⑷　なお，エンジニアリング・レポートの作成は委託される場合が多いが，この場合には，エンジニアリング・レポートの作成者は調査の受託者を指すことに留意しなければならない。また，この場合においては，エンジニアリング・レポートの作成者を鑑定評価報告書に記載する際，調査の委託者の名称も記載する必要がある。

4．ＤＣＦ法の適用等について

ＤＣＦ法の適用等に当たっては，次に掲げる事項に留意する必要がある。

⑴　収益費用項目及びその定義を依頼者に説明するに当たって，各項目ごとの具体的な積算内訳など不動産の出納管理に関するデータ等と収益費用項目の対応関係を示すなどの工夫により，依頼者が不動産鑑定士に提供する資料の正確性の向上に十分配慮しなければならない。

⑵　収益費用項目においては，信託報酬，特別目的会社・投資法人・ファンド等に係る事務費用，アセットマネジメントフィー（個別の不動産に関する費用は除く）等の証券化関連費用は含まないこと。「純収益」は償却前のものとして求めることとしていることから減価償却費は計上しないことに留意する必要がある。また，各論第3章第4節Ⅱ⑴の表に定める「運営純収益」と証券化対象不動産に係る一般の開示書類等で

見られるいわゆる「ＮＯＩ（ネット・オペレーティング・インカム）」はその内訳が異なる場合があることに留意する必要がある。

⑶　各論第３章第４節Ⅱ⑴の表の収益費用項目のうち「運営純収益」と「純収益」の差額を構成する「一時金の運用益」と「資本的支出」の算出について，「一時金の運用益」の利回りの考え方を付記するとともに，「資本的支出」と「修繕費」の区分については，税務上の整理等との整合性に十分配慮する必要があることに留意しなければならない。

⑷　収益費用項目については，ＤＣＦ法を適用した場合の検証として適用する直接還元法においても，同様に用いる必要がある。

**附　則**

１．この留意事項は，平成19年７月１日から施行する。

２．不動産鑑定士補は，改正後の留意事項の適用については，不動産鑑定士とみなす。

## Ⅱ　海外投資不動産鑑定評価のガイドライン

平成20年１月25日に国土交通省が策定した，当該ガイドラインは，海外不動産への投資を行う際に，不動産鑑定士が鑑定評価を行う場合において，投資家保護の観点から適正な鑑定評価が行われるよう，現地鑑定人との連携・共同作業のあり方，鑑定評価の手法等鑑定評価の標準的手法を示すものである。

不動産鑑定士は，次の２つの方式により現地鑑定士人との連携・共同作業を行うものとしている。

① 現地鑑定人に鑑定評価に必要となる基礎資料等の収集・提供及び不動産鑑定士による鑑定評価の作業を補助する業務を依頼し，不動産鑑定士が鑑定評価を行う方式（現地鑑定補助方式）

② 現地鑑定人に鑑定評価の報告を依頼し，現地鑑定人が実施した鑑定評価を検証することにより鑑定評価を行う方式（現地鑑定検証方式）

海外不動産投資の鑑定評価に当たっては，ⅠからⅨに定める手続きにより実施されるべきであるとしている。

Ⅰ　海外不動産の鑑定評価の基本的な実施方法

Ⅱ　海外不動産の鑑定評価の基本的な実施方法の確認

Ⅲ　現地鑑定人の選任

Ⅳ　実地調査，市場動向，法令等の調査

Ⅴ　現地鑑定人との連携・共同作業

Ⅵ　現地鑑定人との連携・共同作業のための契約内容

Ⅶ　現地鑑定人の提出資料又は鑑定評価報告書の検証及び追加・補完調査

Ⅷ　鑑定評価額との決定等

Ⅸ　鑑定評価報告書等の作成等

また，Ⅹ 鑑定評価書等の記載事項，Ⅺ その他の留意事項，Ⅻ 本ガイドラインの位置づけを示している。

Ⅹ　鑑定評価報告書等の記載事項では，⑴で記載事項の原則は，日本の不動産鑑定評価基準の必要な記載事項としながらも，例外を認め，⑵で追加的記載事項を示している。

Ⅺ　その他の留意事項では，鑑定評価の依頼を受けるための海外現地の国についての要件を示している。

Ⅻ　本ガイドラインの位置づけでは，日本のプライベートファンドによる海外不動産の組み入れや，Ｊリートによる海外不動産の組み入れの場合の海外不動産の鑑定評価も，日本の不動産鑑定評価に関する法律の規制対象であるとしている。

（別添）

# 海外投資不動産鑑定評価ガイドライン

平成20年１月25日　国土交通省　策定

〔ガイドラインの目的〕

本ガイドラインは，海外投資不動産についての不動産鑑定士による鑑定評価の標準的手法について示すものである。

不動産市場のグローバル化が進む中，海外からの国内不動産への投資や国内企業や投資家による海外不動産への投資も活発化するとともに，各国でリート市場の開設が相次ぎ，不動産分野における国際間競争が厳しくなってきている。

一方，我が国の不動産証券化市場においては，日本版不動産投資信託（Ｊリート）の運用対象資産に海外不動産を組み入れることを禁止する法令上の規定は存在しないが，東京証券取引所の上場規程はこれを禁止している。これについては，海外不動産について，これまで標準的な鑑定評価手法が確立していないこと等がその要因となっているとの声もある。

また，国内不動産事業者は，不動産投資の国内集中に伴うリスクを分散させる観点から，海外不動産への投資に積極的になっており，その際に必要となる適正な鑑定評価の確保により，不動産市場の一層の健全な成長が期待できる。

本ガイドラインは，以上を踏まえ，海外不動産への投資を行う際に不動産鑑定士が鑑定評価を行う場合において，投資家保護及び鑑定評価の信頼性の向上の観点から適正な鑑定評価が行われるよう，海外現地の不動産鑑定人との連携・共同作業のあり方，鑑定評価の手法等を示すものである。

不動産投資信託（リート）は，1960年に米国で誕生し，その後，オランダ，オーストラリアをはじめ，アジア諸国まで制度化が進み，現在では18の国又は地域（※）まで広がっている。各国リートの運用対象資産への海外不動産の組み入れの可否を見ると，現在リート市場が開設されている日本以外の17の国又は地域のうち，禁止している国は韓国，タイ，ブルガリアの３カ国となっており，これら以外の14の国又は地域では海外不動産への投資が可能となっている。

我が国においては，Ｊリートの運用対象資産に海外不動産を組み入れることを禁止する法令上の規定は存在しないが，東京証券取引所の上場規程はこれを禁止している。Ｊリートの海外不動産への投資が可能となれば，各国不動産市場動向の多様性の確保によるリスク分散が可能となることを通じてＪリート市場そのものの魅力向上が期待でき，結果としてＪリート市場から海外リート市場への資金流出の抑制，海外投資家からのＪリート市場への資金流入に寄与し，日本の不動産市場の国際競争力を強化することにもつながる。

本ガイドラインは，Ｊリートの運用対象資産に海外不動産を導入するための環境整備の一助となることも念頭に置きつつ，プライベートファンドや国内企業による海外不動産の取得その他海外不動産への投資を行う場合において，海外不動産を鑑定評価する際の不動産鑑定士による鑑定評価の標準的手法について示すものである。

※　アメリカ合衆国，イスラエル，英国，オランダ，オーストラリア，カナダ，シンガポール，タイ，台湾，大韓民国，トルコ，ドイツ，日本，フランス，ブルガリア，ベルギー，香港，マレーシア

Ⅰ　海外不動産の鑑定評価の基本的な実施方法

⑴　海外不動産の鑑定評価を依頼された場合には，

・不動産鑑定士が海外現地（海外不動産の存する地域をいう。以下同じ。）に赴き鑑定評価を行う

・海外現地の不動産鑑定人を補助員・共同作業員として鑑定評価を行う

ことが考えられるが，海外現地の市場動向，社会経済情勢等に精通している不動産鑑定人を補助員・共同作業員として鑑定評価を行うことが合理的かつ現実的である。

⑵　この際の鑑定評価は，不動産鑑定士が，

・海外現地において専門職業家として認定又は公認された不動産鑑定人との連携・共同作業により，

・海外現地において認定又は公認された不動産の鑑定評価基準に基づき，

鑑定評価を行うことが原則である。

⑶　不動産鑑定士は，海外現地における不動産市場の動向，不動産に関連する法制・税制・鑑定評価基準，不動産鑑定人の資格制度等海外不動産の鑑定評価を行うために必要となる基礎的知識について十分に理解するとともに，海外現地の不動産鑑定人の作業が適切かつ合理的に行われていることを確認し，及びその作業成果が適正であることを検証しなければならない。

不動産の鑑定評価は，不動産鑑定士又は不動産鑑定人が市場データを収集及び整理し，合理的な分析及び判断に基づく専門的判定により行われるべきである。

不動産鑑定士が海外不動産の鑑定評価を行う場合においても，海外現地の市場動向や社会経済情勢等を理解していることが必要である。ただし，不動産鑑定士が独力で海外不動産の鑑定評価を行い得るほどこれらの諸事情に十分精通していることは希であり，海外現地の不動産鑑定人と連携・共同作業により鑑定評価を行うことが合理的な場合が多いと考えられる。また，その国の法令等により海外現地の不動産鑑定人以外の者による鑑定業が

制限されるなど実務上の問題が生じることも考えられ，海外現地の不動産鑑定人との連携・共同作業により鑑定評価を行う方が，業務の円滑な遂行を確保する上では現実的な場合もあることに留意すべきである。

海外現地の不動産鑑定人と連携・共同作業を行う場合においても，不動産鑑定士は，海外現地における不動産市場の動向，不動産に関連する法制・税制・鑑定評価基準，不動産鑑定人の資格制度等海外不動産の鑑定評価を行うために必要となる海外現地の基礎的知識について十分に理解していることが必要である。これは，海外現地の不動産鑑定人の作業内容，報告内容等について不動産鑑定士が理解し，連携・共同して適正な鑑定評価を行い，鑑定評価の結果に責任を負うためである。

Ⅱ　海外不動産の鑑定評価の基本的な実施方法の確認

海外不動産の鑑定評価に当たっては，依頼者に対し，鑑定評価の基本的な実施方法として次の事項について説明し，書面による確認を得なければならない。

①　Ⅲに定める海外現地の不動産鑑定人の選任
②　海外現地の不動産鑑定人との連携・共同作業の内容及び役割分担
③　実地調査その他対象不動産の確認の方法
④　鑑定評価額の通貨の単位
⑤　対象不動産に係る建築物，設備等の状況及び環境に関する調査の有無並びに当該調査が行われる場合にあってはその報告書の入手方法

海外不動産の鑑定評価に当たっては，海外現地の不動産鑑定人との連携・共同作業が必要となることや，現地までの旅費等の費用が国内不動産の鑑定評価を行うときに比して多額となることから，依頼者との間で，鑑定評価の基本的な実施方法について事前の打ち合わせを行い，依頼者の確認を得ておくことが重要である。当該確認は，事後のトラブル防止の観点から，書面で行う必要があるものとする。

その際，海外現地の不動産鑑定人の選任，海外現地の不動産鑑定人との連携・共同作業の内容・役割分担，実地調査等につき，依頼者に対して説明し，理解を得た上で鑑定評価の処理計画を策定することが必要である。

また，依頼者がいわゆるエンジニアリング・レポートを作成する場合や土壌汚染等の環境調査を行う場合には，他の専門家へこれらを依頼しているかどうかにつき，鑑定評価の依頼者に確認することが必要である。これらの調査が行われている場合には，当該調査に係る報告書を入手し，これらを分析及び判断した上で，必要に応じて鑑定評価に活用しなければならない。

Ⅲ　現地鑑定人の選任

⑴　不動産鑑定業者は，海外現地の鑑定評価制度，不動産鑑定人団体（不動産鑑定人の資格・称号を付与する団体をいう。以下同じ。）等不動産の鑑定評価を巡る社会経済情勢について理解し，海外現地において専門職業家として認定又は公認された不動産鑑定人の中から，不動産鑑定士に少なくとも次の事項を確認させた上で，鑑定評価の連携・共同作業の補助員又は共同作業員を選任するものとする。

①　不動産鑑定人としての資格及び所属する不動産鑑定人団体

②　不動産鑑定人としての略歴及び実績

③　依頼された鑑定評価に係る不動産取引の利害関係者以外の者であること

⑵　⑴により選任される不動産鑑定人（以下「現地鑑定人」という。）は必ずしも海外現地の国に居住する者であることを要しないが，当該海外現地の鑑定評価制度，不動産鑑定人団体等不動産の鑑定評価を巡る社会経済情勢について理解し，海外現地において鑑定評価を行った実績があるなど海外現地における鑑定評価を行うことができると認められる者でなければならない。

⑶　現地鑑定人の選任は，鑑定評価の連携・共同作業を円滑に行う上で不動産鑑定業者が行うことが必要である。依頼者が現地鑑定人の候補者を推薦した場合であっても，その者の不動産鑑定人としての略歴，実績，資格等を確認し，連携・共同作業を行う者として適切であると認められる場合に限り，不動産鑑定業者が選任するものとする。

現地鑑定人については，海外現地において専門職業家として認定又は公認された不動産鑑定人を選任する必要がある。現地の不動産鑑定人の資格・称号の制度は，海外現地の全国的組織により管理され，知識及び経験に応じて資格・称号が付与される制度であるとともに，不正又は不当な鑑定評価を行った不動産鑑定人に対する資格の停止，剥奪等の措置が執られる制度であることが必要である。

例えば，アメリカ合衆国，英国，オーストラリア等の資格・称号制度のように，日本の不動産鑑定士制度に類似する資格者の技能や法的又は社会的位置づけがある制度の下で付与された資格・称号を有する者から選任することが妥当である。

また，選任に当たって，一定の不動産鑑定人団体又は鑑定業者に所属していることのみをもって判断するのではなく，候補者の略歴，鑑定評価実績，資格，評判等を調査し，鑑定評価の連携・共同作業を行う能力があると判断される者から選任すべきである。

なお，不動産鑑定士制度を有する国又は地域を例示すると別表のとおりである。

Ⅳ　実地調査，市場動向，法令等の調査

(1)　対象不動産の実地調査

対象不動産の内覧の実施を含めた実地調査等により対象不動産の確認を行わなければならない。

ただし，既に鑑定評価が行われたことがある不動産の再評価をする場合において，自ら実地調査を行ったことがあり，当該不動産や周辺地域において価格形成要因に影響を与えるような変化がないと認められるときは，現地鑑定人等による実地調査の報告により確認を行うこととしても差し支えない。

(2)　海外現地における不動産の市場動向，不動産に関連する法令等の調査

海外現地における不動産市場の動向，不動産に関連する法制・税制・鑑定評価基準等については，実地調査に先立って又は海外現地において，現地鑑定人による報告及び価格形成要因に関連する資料の収集など自らの調査により十分に把握する必要がある。

これらの市場動向，法令等の調査については，鑑定評価書が投資家向けに開示されることも念頭に置き，海外現地における市場のマクロ的な経済分析，不動産取引の契約形態や慣行等の社会的・経済的・行政的な価格形成要因を含めて，十分な情報を収集・分析して鑑定評価報告書又は鑑定評価検証報告書に記載することが必要である。

(3)　対象不動産に関する他の調査

対象不動産に係る建築物，設備等の状況及び環境に関する調査（いわゆるエンジニアリング・レポートが作成される場合の調査），土壌汚染の調査等が行われる場合には，当該調査に係る報告書を入手し，必要に応じて鑑定評価に活用しなければならない。

対象不動産が報告された内容のとおり存在しているかどうかの確認のため，内覧の実施を含めた実地調査等を行うことが鑑定評価の基本であることは，海外不動産の鑑定評価を行う場合でも同様である。現地鑑定人と連携・共同作業を行う場合であっても，鑑定評価を行う不動産鑑定士は，原則として，現地へ赴き，対象不動産について実地調査，聴聞，公的資料の確認等により，対象不動産の確認を的確に行う必要がある。

海外投資不動産の鑑定評価に当たっては，鑑定評価書が投資家向けに開示されることも念頭に置き，海外現地における不動産市場の動向に加えて，経済成長率，物価上昇率，人口動態等のマクロ的な経済分析も含め，投資家にとっても重要と考えられる情報を十分に収集・分析して記載していくことが必要であり，かつ，その重要性は，国内不動産の鑑定評価の場合に比して高いと考えられる。

このため，不動産鑑定士は，現地鑑定人との連携・共同作業を進めていく上で，あらかじめ，これらの必要となる資料の収集等を現地鑑定人等に依頼することが望ましい。

いわゆるエンジニアリング・レポートが作成される場合の調査，土壌汚染の調査等については，海外現地の市場慣行に応じて，その必要性が異なると考えられる。海外現地において一般的に当該調査が行われていると認められる場合（投資用不動産の取引の過半で当該調査が行われている場合や海外現地の国内取引においては希であるものの，海外からの投資に当たっては過半で当該調査が行われている場合等が該当する。）には，調査報告書を入手し，検討した上で鑑定評価に活用する必要がある。

Ⅴ　現地鑑定人との連携・共同作業

⑴　現地鑑定人との連携・共同作業の方式

不動産鑑定士は，現地鑑定人と適切な役割分担及び密接な連携の下，連携・共同作業を行うものとする。連携・共同作業の方式としては，主に，次の方式が考えられる。

①　現地鑑定人に，鑑定評価を行うために必要となる基礎資料等の収集・提供その他の不動産鑑定士が行う鑑定評価の補助作業（以下「現地鑑定補助作業」という。）を依頼し，不動産鑑定士が現地鑑定補助作業に係る役務の提供を受けて鑑定評価を行う方式（現地鑑定補助方式）

②　現地鑑定人に，鑑定評価の報告を依頼し，現地鑑定人が行った鑑定評価を不動産鑑定士が検証することにより鑑定評価を行う方式（現地鑑定検証方式）

⑵　現地鑑定人との連携・共同作業の推進方法

不動産鑑定士は，現地鑑定人が行う鑑定評価の作業の内容及び各段階における成果等について，会議の開催，電話・インターネット通信等により，現地鑑定人と直接に意見交換等を行いながら，鑑定評価の連携・共同作業を円滑かつ確実に推進するものとする。このため，不動産鑑定業者は，書面により，現地鑑定人との連携・共同作業の実施に関する契約を現地鑑定人が所属する鑑定業者（以下「現地鑑定業者」という。）と締結するものとする。

不動産鑑定士は，現地鑑定人と適切な役割分担及び密接な連携の下，連携・共同作業により，鑑定評価を行うこととなるが，その方式は，次の二つの方式が考えられる。

①　現地鑑定補助方式

不動産鑑定士は，現地鑑定人から海外現地の取引事例，市場動向等鑑定評価を行うために必要となる基礎資料等（以下「現地基礎資料等」という。）の提供を受けるとともに，これらの現地基礎資料等の理解・分析をし，鑑定評価の作業に関する現地鑑定人の助言，便宜の供与その他の支援を受けながら，鑑定評価を行うものとする。

② 現地鑑定検証方式

不動産鑑定士は，現地鑑定人の行う鑑定評価の手法，鑑定評価の作業に活用される海外現地の取引事例，市場動向等鑑定評価を行うために必要となる現地基礎資料等を理解・分析し，不動産鑑定士として，現地鑑定人による鑑定評価に係る報告書（以下「現地鑑定報告書」という。）における判断の妥当性及び鑑定評価額の適正性を検証することにより，鑑定評価を行うものとする。

これらいずれの方式を採用する場合にあっても，現地鑑定人との連携・共同作業を円滑に推進するためには，不動産鑑定業者は，あらかじめ，現地鑑定業者との間で，書面による契約を締結する必要がある。なお，契約の相手方としての現地鑑定業者は，国又は地域によっては，現地鑑定人と現地鑑定業者が同一である場合もあることに留意すべきである。

また，これらの方式を採用した場合，依頼者に対する不動産鑑定業者，不動産鑑定士及び現地鑑定人の責任分担は，以下のとおり整理される。この場合の契約事項には，現地基礎資料等又は現地鑑定報告書の利用者の範囲は，不動産鑑定士のみならず，依頼者が含まれる旨の定めを盛り込む必要がある。これは，現地鑑定人による鑑定評価に係る業務に関する民事的な責任の範囲を契約上明確にする趣旨である（Ⅵ参照）。

| | 現地鑑定補助方式 | 現地鑑定検証方式 |
|---|---|---|
| 不動産鑑定業者 | ① 現地鑑定人の選任<br>② 鑑定評価書全体（品質管理） | ① 現地鑑定人の選任<br>② 鑑定評価書全体（品質管理） |
| 不動産鑑定士 | ① 現地基礎資料等の検証<br>② 鑑定評価書全体 | ① 現地鑑定報告書の検証<br>② 現地鑑定報告書の鑑定評価検証報告書<br>③ 現地鑑定報告書の日本語による翻訳文 |
| 現地鑑定人 | ① 現地基礎資料等 | ① 現地鑑定報告書 |

Ⅵ 現地鑑定人との連携・共同作業のための契約内容

(1) 現地鑑定補助方式

現地鑑定人との連携・共同作業を行うに当たっては，現地鑑定補助作業を行う者の資格・称号，現地鑑定補助作業の各段階における会議の開催，電話・インターネット通信等による意見交換，現地基礎資料等の作成要領及び提出期限，報酬等について契約を締結するものとする。その際の主な契約内容を例示すると次のとおりである。

① 業務委託の範囲

・現地鑑定補助作業の内容

・現地鑑定補助作業を行うに当たっての意見交換の方法（会議の開催，電話・インターネット通信等）

・会議資料の内容等

② 担当者の専門職業家としての資格

・現地鑑定補助作業を実際に担当する専門職業家の資格

③ 報酬及び費用

④ 日程

・会議の開催日，現地基礎資料等の説明を行う日，現地基礎資料等の提出日等連携・共同作業の具体的な日程

・期限厳守であること。

⑤ 現地鑑定人の責任範囲

・不動産鑑定士が作成する鑑定評価報告書（現地鑑定補助作業が反映された部分に限る。）の利用（依頼者等の利用）に対する現地鑑定人の責任の範囲

⑥ その他

・情報の秘密保持等

⑵ 現地鑑定検証方式

現地鑑定人との連携・共同作業を行うに当たっては，現地鑑定人の資格・称号，鑑定評価手法，作業の各段階における会議の開催，電話・インターネット通信等による意見交換，現地鑑定報告書の作成要領及び提出期限，鑑定評価の報酬等について契約を締結するものとする。その際の主な契約内容を例示すると次のとおりである。

① 業務委託の範囲

・対象不動産について，海外現地において認定又は公認された不動産の鑑定評価基準その他遵守すべき法令，規程等に基づき行う鑑定評価の内容

・鑑定評価を行うに当たっての作業の各段階における意見交換の方法（会議の開催，電話・インターネット通信等）

・会議資料の内容等

② 担当者の専門職業家としての資格

・鑑定評価を実際に担当する専門職業家の資格

③ 報酬及び費用

④ 日程

・会議の開催日，現地鑑定報告書の説明を行う日，現地鑑定報告書の提出日等連携・共同作業の具体的な日程

・期限厳守であること。

⑤　現地鑑定人の責任範囲

・現地鑑定報告書の利用（依頼者等の利用）に対する現地鑑定人の責任の範囲

⑥　その他

・情報の秘密保持等

現地鑑定人との連携・共同作業のための契約に盛り込む具体的な事項については，例えば，以下のような内容が考えられる。

⑴　現地鑑定補助方式

【①業務委託の範囲】

・現地鑑定補助作業の内容（現地基礎資料等の収集・提供及び実地調査を含む不動産鑑定士による鑑定評価の作業の補助等）

・対象不動産の特定

・現地基礎資料等の送付先（住所・名宛人）及び送付部数

・不動産鑑定人団体が定める鑑定評価を行う際の倫理（監督）基準

・現地鑑定人と不動産鑑定士との間で行う会議の開催方法

・会議の開催，電話・インターネット通信等による意見交換により作業を進めること。

【②担当者の専門職業家としての資格】

・現地鑑定補助作業を行う者は，海外現地において不動産鑑定人として認定又は公認された資格・称号を有する者であること。

【③報酬及び費用】

・現地鑑定補助作業に係る報酬・費用の合計額であり，追加業務及びリポートの様式・内容変更の場合の対応を含むこと。

【④日程】

・現地基礎資料等の提出日

・現地基礎資料等の説明を行う日

・現地鑑定人と不動産鑑定士との間で行う会議の開催日

・期限厳守

【⑤現地鑑定人の責任範囲】

・不動産鑑定士が作成する鑑定評価報告書（現地鑑定補助作業の反映された部分に限る。）の利用（依頼者等の利用）に対し，現地鑑定人が責任を有すること。

【⑥その他】

・守秘義務

・利益相反の発生への対応
・この契約に関する紛争が生じた場合の調整に関する努力義務

⑵　現地鑑定検証方式

【①業務委託の範囲】

・現地鑑定人による連携・共同作業の内容（実地調査を含む現地鑑定報告書の作成等）
・対象不動産の特定
・現地鑑定報告書の送付先（住所・名宛人）及び送付部数
・鑑定評価に適用する不動産の鑑定評価基準（鑑定評価手法は可能な限り三手法とするほか，最有効使用の原則を適用するなど適切な鑑定評価手法を適用する旨必要に応じて補足すること。）
・不動産鑑定人団体が定める鑑定評価を行う際の倫理（監督）基準
・現地鑑定人と不動産鑑定士との間で行う会議の開催方法（対象不動産及び取引事例の地点の詳細地図，キャップレートや賃料比較に係る地域の地理的分析資料を用意すること等会議資料の内容）
・現地鑑定報告書には，対象不動産の権利を証明する書面を添付すること。
・会議の開催，電話・インターネット通信等による意見交換により作業を進めること。
・土壌汚染等の環境調査報告書の作成依頼を盛り込むこともあり得る。

【②担当者の専門職業家としての資格】

・鑑定評価を行う者は，海外現地において不動産鑑定人として認定又は公認された資格・称号を有する者であること。

【③報酬及び費用】

鑑定評価に係る報酬・費用の合計額であり，追加業務及びリポートの様式・内容変更の場合の対応を含むこと。

【④日程】

・現地鑑定報告書の提出日
・現地鑑定報告書の説明を行う日
・現地鑑定人と不動産鑑定士との間で行う会議の開催日
・期限厳守

【⑤現地鑑定人の責任範囲】

・現地鑑定報告書の利用（依頼者等の利用）に対して現地鑑定人が責任を有すること。

【⑥その他】

・守秘義務

・利益相反の発生への対応

・この契約に関する紛争が生じた場合の調整に関する努力義務

Ⅶ　現地基礎資料等又は現地鑑定報告書の検証及び追加・補完調査

(1)　現地基礎資料等又は現地鑑定報告書の検証

現地基礎資料等又は現地鑑定報告書について，現地基礎資料等の内容又は鑑定評価手法その他の鑑定評価の内容の合理性及び鑑定評価額の適正性等につき，検証しなければならない。その際の検証は，少なくとも次の事項を含まなければならない。

①　現地基礎資料等の検証

・現地鑑定人の資格・称号，所属する不動産鑑定人団体の確認

・現地基礎資料等の作成された年月日及び資料データの時点の確認

・対象不動産の物的事項，権利の態様等に関する事項の確認

・現地基礎資料等の前提条件，調査範囲等の確認

・資料データが明らかに不適切・不十分であると認められるかどうかの確認

・資料データの出所の確認

②　現地鑑定報告書の検証

・現地鑑定人の資格・称号，所属する不動産鑑定人団体の確認

・現地鑑定報告書の作成された年月日及び鑑定評価の基準日の確認

・対象不動産の物的事項，権利の態様等に関する事項の確認

・鑑定評価の前提条件・制限的条件，調査範囲等の確認

・資料データが明らかに不適切・不十分であると認められるかどうかの確認

・資料データの出所の確認

・採用されている鑑定評価手法が，対象不動産が存する国又は地域において認定又は公認された不動産の鑑定評価基準に適合して行われているかの検証

・価格形成要因の理解と合理性の検証

・必要に応じて他の現地鑑定人による複数鑑定又は鑑定レビューなどによる検証

(2)　追加・補完調査

現地基礎資料等又は現地鑑定報告書の検証を行い，その結果，適正な鑑定評価を行う上で必要があると認めるときは，追加・補完調査を行うものとする。この場合には，不動産鑑定士が行うほか，海外現地の他の専門職業家を選任して行うことも考えられる。

現地鑑定報告書は，海外現地において認定又は公認されている不動産の鑑定評価基準に照らして適正な鑑定評価となっているか，価格形成要因を論理的かつ実証的に説明することが可能かなど鑑定理論に照らして合理性・妥当性を有しているかについて調査・検証することが必要である。

なお，不動産鑑定士が行っている鑑定レビューの中には，単に鑑定評価手法のみを検証し，説明しているだけで，数値については一切責任を持たないとしているものも見受けられるが，これは，検証というには不十分である。

また，現地鑑定報告書の検証を行い，日本の不動産鑑定評価基準（平成14年７月３日付け国土交通事務次官通知。以下単に「不動産鑑定評価基準」という。）に照らして必要があると認めるときは，追加・補完調査を行うものとする。例えば，土壌汚染，アスベスト等環境関連の調査などが想定される。

Ⅷ　鑑定評価額の決定等

⑴　現地鑑定補助方式

不動産鑑定士は，ⅠからⅦまでに定めるところにより，現地鑑定人との連携・共同作業を行い，適正と判断される鑑定評価額を決定するものとする。

鑑定評価額の表示は，原則として，海外現地の通貨の単位によるものとする。

⑵　現地鑑定検証方式

不動産鑑定士は，ⅠからⅦまでに定めるところにより，現地鑑定人との連携・共同作業を行い，現地鑑定報告書が適正なものであると判断する場合には鑑定評価額に同意するものとする。なお，同意しない場合には，その根拠を明らかにして適正と判断される鑑定評価額を決定するものとする。

鑑定評価額の表示は，原則として，海外現地の通貨の単位によるものとする。

鑑定評価額は，現地鑑定補助方式の場合にあっては不動産鑑定士が決定し，現地鑑定検証方式である場合にあっては不動産鑑定士が同意することとなる。いずれの場合においても，鑑定評価額について，不動産鑑定士として責任を有することとなる。

現地鑑定検証方式で行う場合の同意については，不動産鑑定士が現地鑑定人の鑑定評価の各作業段階において意見交換を行うなど鑑定評価の作業に関わるため，最終的な鑑定評価額に同意することとなるのが通常であると考えられるが，何らかの理由で鑑定評価額の意見に相違が生じた場合には，不動産鑑定士がその根拠を明記して鑑定評価額を修正し，決定するものとする。

鑑定評価額の通貨の単位は，依頼者の意向にもよるが，原則的には，海外現地の通貨の単位によるものとし，鑑定評価報告書等には，本邦通貨（日本円）に換算した額での表示も併記するものとする。

Ⅸ　鑑定評価報告書等の作成等

鑑定評価報告書又は鑑定評価検証報告書は，不動産鑑定士が作成するものとする。

⑴　現地鑑定補助方式

不動産鑑定士は，現地基礎資料等に基づき鑑定評価を行い，鑑定評価報告書を作成するものとする。また，現地基礎資料等（原文）を添付するものとする。

⑵　現地鑑定検証方式

不動産鑑定士は，現地鑑定報告書をⅦに従ってその内容を検証し，鑑定評価検証報告書を作成するものとする。また，現地鑑定報告書の日本語による翻訳文を作成し，原文の内容が正確に翻訳されているかを確認するものとする。

鑑定評価書は，鑑定評価検証報告書（追加・補完調査を行った場合にあっては当該調査報告書を含む。）及び現地鑑定報告書（原文）により構成し，現地鑑定報告書の日本語による翻訳文を添付するものとする。

鑑定評価報告書又は鑑定評価検証報告書の作成は，不動産鑑定士が責任をもって行う。これらは，不動産鑑定業者が依頼者に交付する鑑定評価書となるものであるが，現地鑑定検証方式の場合には，鑑定評価検証報告書及び現地鑑定報告書の原文により鑑定評価書を構成するものとし，現地鑑定報告書の日本語による翻訳文を附属資料として添付することとする。この場合において，翻訳する範囲については，少なくとも鑑定評価の重要な部分は行うものとし，依頼者の意向により，その他の部分については概要とすることも差し支えない。また，原文と翻訳文で内容が異なっていたときには，原文が優先されることとなる。このことについては，依頼者との間でも確認の上での現地鑑定人との契約事項であるとともに，翻訳文等にその旨記載しておくことが必要である。

Ⅹ　鑑定評価報告書等の記載事項等

⑴　記載事項の原則

不動産鑑定評価基準に照らして，必要な記載事項とされている内容をできる限り記載するものとする。

この場合において，不動産鑑定評価基準上記載すべき事項とされているものの，海外現地の不動産市場においては重視されず，現地鑑定評価報告書に記載されないことが通常である場合には記載しないこととして差し支えないが，その合理的理由を記載する必要がある。

⑵　追加的記載事項

鑑定評価報告書又は鑑定評価検証報告書の記載事項については，不動産鑑定士が現地鑑定人と連携・共同作業により鑑定評価を行うこと，海外現地の不動産市場の動向等について日本の投資家等が十分に把握していない場合が多いと考えられること等から，次の事項を追加的に記載するものとする。

①　不動産鑑定士及び現地鑑定人の連携・共同作業の役割分担

当該鑑定評価に関する不動産鑑定士及び現地鑑定人のそれぞれの作業内容等役割分担について明記するものとする。

②　海外現地の不動産市場の動向に関する事項等

鑑定評価書が投資家向けに開示されることも念頭に置き，海外現地における市場のマクロ的な経済分析，不動産取引の契約形態や慣行等の社会的・経済的・行政的な価格形成要因に関する次の事項について，日本の不動産市場と異なる特徴等を踏まえつつ，必要かつ十分な情報を収集・分析して記載するものとする。

ア　海外現地の不動産市場の動向に関する事項

海外現地及びその周辺地域の不動産市場の動向を示す基礎資料等

イ　海外現地の不動産に関連する法制，税制等に関する事項

海外現地における不動産の権利関係，不動産取引に係る契約内容及び税制の相違等

ウ　その他必要な事項

海外現地における不動産取引に係る慣行の相違等

③　現地鑑定検証方式における検証内容等

鑑定評価検証報告書には，現地鑑定報告書の検証内容について記載するものとし，Ⅶに定める検証すべき事項について，それぞれの検証内容，根拠等を明記するものとする。

④　鑑定評価額

鑑定評価額を海外現地の通貨の単位で表示した場合においては，原則として，鑑定評価の基準日の為替レート（終値）及び当該レートにより換算した本邦通貨の単位での表示も併記するものとする。

⑶　署名押印

鑑定評価書にあっては不動産鑑定士が，現地鑑定報告書にあっては現地鑑定人が署名押印するものとする。

依頼者に交付する鑑定評価書の実質的な内容となる鑑定評価報告書又は鑑定評価検証報告書は，不動産鑑定士が責任をもって作成する。海外現地の不動産の鑑定評価基準で求められる記載事項と不動産鑑定評価基準で相違がある場合には，できる限り不動産鑑定評価基準に従って記載するものとする。

ただし，不動産鑑定評価基準では記載事項とされているものであっても，海外現地の不動産市場において重視されず，海外現地の鑑定評価書においては記載されないことが通常である場合には，その合理的理由を記載し，省略することとしても差し支えない。

鑑定評価額は，海外現地の通貨の単位とし，鑑定評価の基準日の為替レート（終値）及び当該レートにより換算した本邦通貨（日本円）での表示も併記することを原則とするが，本邦通貨への換算は鑑定評価の基準日の為替レート（終値）以外の為替レートや一定期間を決めて平均化した為替レートを使用するなど依頼者の意向により変更して差し支えない。

現地鑑定検証方式における署名押印は，鑑定評価書のうち，鑑定評価検証報告書に係る部分に署名押印するものとする（現地鑑定評価報告書及びその日本語による翻訳文に署名押印する必要はない。）。

なお，これらに加えて，鑑定評価書の概要（いわゆるサマリー）が作成される場合には，不動産鑑定士及び現地鑑定人の連名による署名押印をしているものも見られるが，サマリーへの署名押印の方法については，不動産鑑定業者と依頼者及び現地鑑定人との合意に基づき行うものとする。また，現地鑑定人の署名押印は，海外現地において，通常，署名のみで行われている場合には，署名のみで差し支えない。

XI　その他留意事項

海外不動産の鑑定評価に当たっては，ⅠからⅩまでに定める手続きにより実施されるべきであり，その際には，海外現地の国又は地域において，

① 鑑定評価を行うために必要となる事例資料，対象不動産の物的確認及び権利の態様等の確認に必要となる資料並びに価格形成要因に照応する資料その他不動産市場の動向を示す基礎資料があること。

② 認定又は公認された不動産鑑定人の資格・称号を付与し，かつ，不動産鑑定人を指導育成する不動産鑑定人団体が存在していること。

③ 認定又は公認された不動産の鑑定評価基準を有し，これに逸脱するなど不正又は不当な鑑定評価が行われた場合には，不動産鑑定人団体により不動産鑑定人の資格・称号の使用停止・剥奪等の指導監督が行われること。

など適正な鑑定評価が行われるための制度が十分に整っていることが必要である。

ただし，これらの要件のうち②又は③の要件が十分に整っていない国又は地域においても，これらの要件が整った他の国又は地域の資格・称号を有している者が現地鑑定人となる場合には，本ガイドラインに基づく不動産鑑定評価の連携・共同作業を推進することが可能である。

以上の要件が満たされない海外不動産の鑑定評価については，鑑定評価の依頼を受

けることは一般的には困難と考えられ，依頼の拒否も検討すべきである。

XI①②③の要件を備える国又は地域における鑑定評価制度については，国土交通省においてこれまで調査してきた範囲で例示すると，別表のとおりである。

別表に掲げる国又は地域以外においても不動産鑑定評価制度が十分に整っている国又は地域があることも想定されることから，今後，海外不動産投資の需要動向等を勘案しつつ，海外の鑑定評価制度について調査・検討し，これらと同程度の水準の制度が整っている国又は地域を追加していくこととする。

XII　本ガイドラインの位置づけ

本ガイドラインは，海外不動産への投資を行う際に不動産鑑定士が鑑定評価を行う場合において，投資家保護及び鑑定評価の信頼性の向上の観点から適正な鑑定評価が行われるよう，現地鑑定人との連携・共同作業のあり方，鑑定評価の手法等鑑定評価の標準的手法について示すものである。

一方，日本のプライベートファンドが海外不動産を組み入れる場合や，今後，Ｊリートによる海外不動産の組み入れが可能となった場合には，海外不動産と本邦不動産とで一つの不動産市場が形成されること，Ｊリートについては不動産鑑定士による鑑定評価が義務づけられていること等にかんがみ，不動産鑑定士が行うこれらの海外不動産の鑑定評価については，不動産の鑑定評価に関する法律（昭和38年法律第152号）に基づく指導監督を行うことが必要である。

したがって，これらの鑑定評価については，本ガイドラインの内容は不動産鑑定評価基準と同等の位置づけとして取り扱うこととし，本ガイドラインを逸脱することにより不当な鑑定評価が行われた場合には，同法に基づく指導監督を行うものとする。

日本のプライベートファンドが海外不動産を組み入れる場合や，今後，Ｊリートの運用対象資産に海外不動産が組み入れられることとなった場合，海外不動産と日本の不動産とで一つの不動産市場が形成されることとなる。こうした場合において，不動産の鑑定評価が対象不動産の国内外の区別によって鑑定評価手法，精度等に差が生じることとなれば，国内不動産市場に混乱を招くことにもなり望ましくない。

また，Ｊリート等については，投資信託及び投資法人に関する法律（昭和26年法律第198号）及び資産の流動化に関する法律（平成10年法律第105号）において不動産鑑定士による鑑定評価が義務づけられていること等にかんがみれば，不動産鑑定士が行うこれらの鑑定評価については，不動産の鑑定評価に関する法律の指導監督の対象とする必要がある。

したがって，これらの場合の鑑定評価については，本ガイドラインの内容は不動産鑑定評価基準と同等の位置づけとして取り扱うものである。

〔別　表〕

| | アメリカ合衆国 | 英　国 | オーストラリア |
|---|---|---|---|
| 資格・称号 | ①州公証・公認鑑定人<br>②MAI（商・住・工），SRPA（商・住・工），SRA（住） | MRICS（member）<br>FRICS（fellow） | CPV<br>Certified Practising Valuer |
| 登録機関 | ①州不動産鑑定評価委員会（50州）<br>②不動産鑑定協会（Appraisal Institute） | RICS<br>Royal Institution of Chartered Surveyor | ①州不動産鑑定評価委員会（APIの member から登録）<br>②API<br>Australian Property Institute |
| 所属団体 | 同上 | 同上 | 同上 |
| 人　数 | ①約9万5千人<br>②約6千人 | 約13万人（121カ国） | 約7千5百人 |
| 鑑定評価基準（基準作成団体） | USPAP（Appraisal Foundation） | RICS<br>Appraisal and Valuation Standards（RICS） | Professional Practics Standards（API／PINZ） |

| シンガポール | 台　湾 | 大韓民国 | ドイツ | 香　港 |
|---|---|---|---|---|
| SIV<br>Singapore Institute of Valuers | 不動産估價師 | 鑑定評価士 | Property Valuation Expert | MHKIS（member）<br>FHKIS（fellow） |
| Singapore Institute of Surveyors and Valuers | 市（地政局等） | 国（建設交通部） | IfS－ZERT | Hong Kong Institute of Surveyors |
| 同上 | 台北市（台北市・高雄市・台中市）<br>不動産估價師公會・中華民國不動産估價師公會全國聯合會 | 韓国鑑定評価協会 | BVS（地方商工会議所・裁判所指定鑑定人協会）<br>BDGS（ミュンヘン）等 | 同上 |
| 約1千8百人 | 約2百人 | 約2千5百人 | 約1千人 | 約1千4百人 |
| SISV<br>Valuation Standards and Guidelines（SISV） | 不動産估價技術規則（中央政府内政部地政司） | 不動産価格公示および鑑定評価に関する法令<br>鑑定評価に関する規則（建設交通部） | WERTV<br>（IfS-ZERT） | the HKIS Valuation Standards on Properties（HKIS） |

# Ⅲ　平成20年11月28日　企業会計基準委員会より公表された企業会計基準第20号「賃貸等不動産の時価等の開示に関する会計基準」及び企業会計基準適用指針第23号「賃貸等不動産の時価等の開示に関する会計基準の適用指針」

本会計基準及び適用指針は，会計基準の国際的なコンバージェンスの取組みの一環として，賃貸等不動産の時価等を財務諸表の注記事項として開示することを定めたものである。

<主な内容>

◎　賃貸等不動産の範囲

「賃貸等不動産」とは，棚卸資産に分類されている不動産以外のものであって，賃貸収益は又はキャピタル・ゲインの獲得を目的として保有されている不動産（ファイナンス・リース取引の貸手における不動産を除く。）をいう。

時価等の開示対象となる賃貸等不動産の範囲は次のとおりである。

⑴　貸借対照表において投資不動産（投資の目的で所有する土地，建物その他の不動産）として区分される不動産

⑵　将来の使用が見込まれていない遊休不動産

⑶　上記以外で賃貸されている不動産

留意事項は，以下のとおりである。

・　将来において賃貸等不動産として使用される予定で開発中の不動産や，継続して賃貸等不動産として使用される予定で再開発中の不動産は賃貸等不動産に含まれる。

・　賃貸を目的として保有されているにもかかわらず，一時的に借手が存在していない不動産は賃貸等不動産に含まれる。

・　不動産が物品の製造や販売，サービスの提供，経営管理に使用されている場合は賃貸等不動産には含まれない。しかし，不動産が物品の製造や販売，サービスの提供，経営管理に使用されている部分と賃貸等不動産として使用されている部分で構成されている場合，賃貸等不動産として使用されている部分は含まれる。（ただし，賃貸等不動産として使用される部分の割合が低い場合は，賃貸等不動産に含めないことができる。）

・　不動産信託の場合，その信託財産である不動産が賃貸等不動産に該当するときに

は，受益者は賃貸等不動産として取り扱う。しかし，当該信託に係る受益権が質的に異なるものに分割されている場合や受益権が多数となる場合，受益者は，その信託財産である不動産を賃貸等不動産としては取り扱わない。また,不動産又は不動産信託の受益権を譲り受けた特別目的会社が発行した社債や出資証券は金融商品であるため，賃貸等不動産としては取り扱わない。

◎　賃貸等不動産の時価

「時価」とは，通常，観察可能な市場価値に基づく価額をいい，市場価格が観察できない場合には，合理的に算定された価額をいう。合理的に算定された価額は，「不動産鑑定評価基準」（国土交通省）による方法又は類似の方法に基づいて算定する。

・　賃貸等不動産の時価に対応するものは，原則として不動産鑑定評価基準の正常価格であると考えられ，不動産鑑定評価に当たっては，原価法，取引事例比較法，収益還元法の３手法の適用により求めた試算価格を調整して求めるものとしている。一方，証券化の対象となる不動産の鑑定評価は，特定価格を求めるものであると考えられ，ＤＣＦ法を標準とし，直接還元法による検証を行って求めた収益価格に基づき鑑定評価額を決定するが，この際，比準価格及び積算価格による収益価格の検証も行うこととされている。したがって，このような収益物件の場合には，結果として正常価格と概ね一致し，また，実際の収益物件の価格形成が収益還元法に基づいている場合が多いという状況を踏まえ，賃貸等不動産の時価を開示するに当たっては，ＤＣＦ法を重視した算定方法も用いることができると考えられる。
・　契約により取り決められた一定の売却予定価額がある場合には，合理的に算定された価額として当該売却予定価額を用いる。
・　開示対象となる賃貸等不動産のうち重要性が乏しい建物等の償却資産は，適正な帳簿価額をもって時価とみなすことができる。

◎　賃貸等不動産に関する注記事項

賃貸等不動産を保有している場合は，次の事項を注記する。ただし，賃貸等不動産の総額に重要性が乏しい場合は注記を省略することができる。また，管理状況等に応じて，注記事項を用途別，地域別等に区分して開示することができる。

⑴　賃貸等不動産の概要
⑵　賃貸等不動産の貸借対照表計上額及び期中における主な変動
⑶　賃貸等不動産の当期末における時価及びその算定方法
⑷　賃貸等不動産に関する損益

企業会計基準第20号

# 賃貸等不動産の時価等の開示に関する会計基準

平成20年11月28日
企業会計基準委員会

## 目　的

1．本会計基準は，財務諸表の注記事項としての賃貸等不動産の時価等の開示について，その内容を定めることを目的とする。

2．平成20年11月28日に，本会計基準を適用する際の指針を定めた企業会計基準適用指針第23号「賃貸等不動産の時価等の開示に関する会計基準の適用指針」が公表されている。本会計基準の適用にあたっては，当該適用指針も参照する必要がある。

## 会計基準

### 範　囲

3．本会計基準は，賃貸等不動産を保有する企業に適用する。なお，連結財務諸表において賃貸等不動産の時価等の開示を行っている場合には，個別財務諸表での開示を要しない。

### 用語の定義

4．本会計基準における用語の定義は次のとおりとする。

⑴「時価」とは，公正な評価額をいう。通常，それは観察可能な市場価格に基づく価額をいい，市場価格が観察できない場合には合理的に算定された価額をいう。

⑵「賃貸等不動産」とは，棚卸資産に分類されている不動産以外のものであって，賃貸収益又はキャピタル・ゲインの獲得を目的として保有されている不動産（ファイナンス・リース取引の貸手における不動産を除く。）をいう。したがって，物品の製造や販売，サービスの提供，経営管理に使用されている場合は賃貸等不動産には含まれない。

### 賃貸等不動産の範囲

5．賃貸等不動産には，次の不動産が含まれる。

⑴　貸借対照表において投資不動産（投資の目的で所有する土地，建物その他の不動産）として区分されている不動産

⑵　将来の使用が見込まれていない遊休不動産

⑶　上記以外で賃貸されている不動産

6．賃貸等不動産には，将来において賃貸等不動産として使用される予定で開発中の不動産や継続して賃貸等不動産として使用される予定で再開発中の不動産も含まれる。また，賃貸を目的として保有されているにもかかわらず，一時的に借手が存在していない不動産についても，賃貸等不動産として取り扱う。

7．不動産の中には，物品の製造や販売，サービスの提供，経営管理に使用されている部分と賃貸等不動産として使用される部分で構成されるものがあるが，賃貸等不動産として使用される部分については，賃貸等不動産に含める。なお，賃貸等不動産として使用される部分の割合が低いと考えられる場合は，賃貸等不動産に含めないことができる。

## 賃貸等不動産に関する注記事項

8．賃貸等不動産を保有している場合は，次の事項を注記する。ただし，賃貸等不動産の総額に重要性が乏しい場合は注記を省略することができる。また，管理状況等に応じて，注記事項を用途別，地域別等に区分して開示することができる。

⑴　賃貸等不動産の概要

⑵　賃貸等不動産の貸借対照表計上額及び期中における主な変動

⑶　賃貸等不動産の当期末における時価及びその算定方法

⑷　賃貸等不動産に関する損益

## 適用時期

9．本会計基準は，平成22年３月31日以後終了する事業年度の年度末に係る財務諸表から適用する。ただし，当該事業年度以前の事業年度の期首から適用することを妨げない。

## 議　決

10．本会計基準は，第166回企業会計基準委員会に出席した委員13名全員の賛成により承認された。なお，出席した委員は，以下のとおりである。

西　川　郁　生（委員長）
逆　瀬　重　郎（副委員長）
新　井　武　広
石　井　健　明
石　原　秀　威

川　北　英　隆
小　宮　山　　賢
坂　本　道　美
中　村　亮　一
野　村　嘉　浩
万　代　勝　信
山　田　浩　史
米　家　正　三

## 結論の背景

### 経　緯

11. 我が国において固定資産に区分されている不動産は，一般に，原価評価（取得原価から減価償却累計額等を控除した金額で計上）されている。これに対して，国際財務報告基準（ＩＦＲＳ）では国際会計基準（ＩＡＳ）第40号「投資不動産」において，棚卸資産や企業が自ら使用するものを除く，賃貸収益又はキャピタル・ゲインを目的として保有する投資不動産は，時価評価（時価で計上し，減価償却をしていない取得原価との差額を損益に計上）と原価評価の選択適用であり，原価評価されている場合は時価等を注記することとされている。

12. 平成14年８月に企業会計審議会から公表された「固定資産の減損に係る会計基準の設定に関する意見書」（以下「減損意見書」という。）では，そのような投資不動産についても，時価の変動をそのまま損益に算入せず，他の有形固定資産と同様に取得原価基準による会計処理を行うことが適当であるとされていた（減損意見書六１）。また，そのような投資不動産の時価の注記に関しては，その要否や投資不動産の範囲も含め，理論及び実務の両面で，なお検討を要する問題が残されていることから，今後の検討課題とされていた（減損意見書六２）。

13. 一方，会計基準の国際的なコンバージェンスに向けた取組みとして，企業会計基準委員会は，平成17年３月から国際会計基準審議会（ＩＡＳＢ）との共同プロジェクトを開始し，投資不動産の取扱いについて議論を行ってきた。また，平成17年７月に欧州証券規制当局委員会（ＣＥＳＲ）から公表された「ＥＵ同等性評価に関する技術的助言」において，補正措置の１つとして投資不動産の取扱いが挙げられている。当委員会は，平成19年８月に公表した「東京合意」（会計基準のコンバージェンスの加速化に向けた取組みへの合意）を踏まえ，平成19年12月に投資不動産専門委員会を設置し，専門委員による討議など幅広い審議を行った。本会計基準は，平成20年６月に公表した公開草案に対して当委員会に寄せられたコメントを検討し，公開草案を一部修正した上で公表に至ったものである。

## 本会計基準における考え方

### 会計処理

14．減損意見書では，国際財務報告基準における投資不動産の時価評価について，活発な市場を有する一部の金融資産に比べ時価を客観的に把握することは困難であること，賃貸収益を目的として保有されるような不動産であっても，直ちに売買・換金を行うことに事業遂行上の制約がある場合等，事実上，事業投資と考えられるものについては，時価の変動を企業活動の成果とは捉えないという考え方が妥当であることなどから，時価評価を行い，その差額を損益とすることは適当ではないとされていた。

15．その後，当委員会は，平成18年７月に企業会計基準第９号「棚卸資産の評価に関する会計基準」（以下「棚卸資産会計基準」という。）を公表し，当初から加工や販売の努力を行うことなく単に市場価格の変動により利益を得るトレーディング目的で保有する棚卸資産については，市場価格に基づく価額をもって貸借対照表価額とし，帳簿価額との差額（評価差額）は，当期の損益として処理することとしている（棚卸資産会計基準第15項）。このため，不動産であっても，このようなトレーディング目的で保有する棚卸資産に該当するものがあれば，時価評価されることとなると考えられる。

しかしながら，単に賃貸収益を得ることを目的として不動産が保有される場合や，キャピタル・ゲインの獲得を目的として保有されていても，活発な取引が行われるよう整備された購買市場と売却市場とが区別されていない単一の市場が存在しない場合には，時価によって直ちに売買・換金を行うことには制約があるため，当該不動産を時価評価し，その差額を損益とすることは適当ではないと考えられる。

したがって，本会計基準においても，会計処理については減損意見書で示された考え方を踏襲している。

### 時価の注記

16．減損意見書では，国際財務報告基準における投資不動産については，原価評価による会計処理を行うことが適当であるが，投資情報としてその時価を注記することが適当であるという意見と適当でないという意見が示されている。前者の意見は，国際財務報告基準が原価評価による会計処理を選択した場合には時価を注記するよう求めていることとの調和や他の有形固定資産と比べ相対的に換金性が高いという性格に鑑みたものとされている。また，後者の意見は，活発な市場を有する一部の金融資産に比べ時価を把握することが比較的困難であること，また，直ちに売買・換金を行うことに事業遂行上の制約がある場合に時価を注記することは，財務諸表利用者にとって有用な情報を提供することにならないのではないかなどの理由によるものとされている。このように，減損意見書では，時価の注記に関して，その要否や投資不動産の範囲も含め，理論及び実務の両面で，なお検討を要する問題が残されていることから，今後の検討課題とされていた。

17. その後，当委員会は，平成20年3月に企業会計基準第10号「金融商品に関する会計基準」（以下「金融商品会計基準」という。）を改正し，証券化の拡大や金融商品の多様化等，金融取引を巡る環境が変化する中で，有価証券やデリバティブ取引以外の金融商品についても時価情報に対するニーズが拡大していること等を踏まえ，すべての金融商品についてその状況やその時価等に関する事項の開示の充実を図っている。

すなわち，改正された金融商品会計基準では，すべての金融商品を時価評価することは検討を要する問題が残されているものの，損益計算とは離れて，市場価格がない場合でも金融商品の時価を開示することは，財務諸表利用者に対して有用な財務情報を提供することになるという意見も多いこと，また，企業において金融商品のリスク管理等を一層徹底するインセンティブを高めるためにも金融商品の時価等を開示することに意義があるという意見もあること，さらに，国際的な会計基準では，金融商品に係る時価やリスクに関して広く開示が求められていることから，時価等に関する事項の開示の充実を図っている。この結果，改正された金融商品会計基準では，貸付金など事業投資としての性格が見受けられるものであっても，時価を注記することとなった。

18. このように金融商品の時価の注記対象を拡大したことを踏まえ，本会計基準では，一定の不動産については，事実上，事業投資と考えられるものでも，その時価を開示することが投資情報として一定の意義があるという意見があること，さらに，国際財務報告基準が原価評価の場合に時価を注記することとしていることとのコンバージェンスを図る観点から，賃貸等不動産に該当する場合には，時価の注記を行うこととした。

## 用語の定義

### 棚卸資産に分類されている不動産

19. 流動資産に分類されている棚卸資産は，棚卸資産会計基準において，通常の販売目的で保有するものとトレーディング目的で保有するものに区分され，それぞれの評価基準が定められている。不動産のうち，通常の販売目的で保有する棚卸資産に含まれる販売用不動産や開発事業等支出金については，販売努力をいかに行うかによってその成果が異なるものと考えられる。このようなものには，第三者のために建設中又は開発中の請負工事等に基づく未成工事支出金も含まれる。また，トレーディング目的で保有する棚卸資産については，市場価格に基づく価額をもって評価するとされている。このような観点から，本会計基準では，国際財務報告基準と同様に，棚卸資産に計上されている不動産については，時価等の開示対象から除くこととした。

**物品の製造や販売，サービスの提供，経営管理に使用されている不動産**

20. 物品の製造や販売，サービスの提供，経営管理に使用されている不動産は，それらを保有している企業において，当該不動産から市場平均を超える成果を生み出すことを期待して使用されている。したがって，その企業にとっての価値は，通常，市場の平均的な期待で決まる時価ではないと考えられるため，本会計基準では，国際財務報告基準と同様に，時価等の開示対象から除くこととした。

21. ただし，本会計基準は，物品の製造や販売，サービスの提供，経営管理に使用されている不動産など，開示対象となる賃貸等不動産以外の不動産についても，その時価を開示することを妨げるものではない。

## 賃貸等不動産の範囲

**貸借対照表において投資不動産として区分されている不動産**

22.「財務諸表等の用語，様式及び作成方法に関する規則」では，貸借対照表上，企業が営業又は事業の用に供するために賃貸している不動産は「有形固定資産」に分類し，投資不動産（投資の目的で保有する土地，建物その他の不動産）については「投資その他の資産」に分類することとされている。当該投資不動産は，市場平均を超える成果を期待して保有されているものではなく，その時価そのものが企業にとっての価値を示しており，また，それが国際財務報告基準における投資不動産に該当することは異論がないと考えられるため，当該投資不動産は賃貸等不動産の範囲に含まれる。

**将来の使用が見込まれていない遊休不動産**

23. 企業活動にほとんど使用されていない状態にある遊休不動産のうち，将来の使用が見込まれていない遊休不動産は，売却が予定されている不動産と同様に，処分によるキャッシュ・フローしか期待されていないため，時価が企業にとっての価値を示すものと考えられる。このため，本会計基準では，国際財務報告基準と同様に，当該不動産を賃貸等不動産の範囲に含めることとした。

なお，企業が将来の使用を見込んでいる遊休不動産は，その見込みに沿って，賃貸等不動産にあたるかどうか判断することとなる。また，現在の遊休状態となってから間もない場合であって，将来の使用の見込みを定めるために必要と考えられる期間にあるときには，これまでの使用状況等に照らして判断することが適当であると考えられる。

**賃貸されている不動産**

24. 本会計基準では，固定資産に分類されている不動産を，物品の製造や販売，サービスの提供，経営管理に使用されている不動産と，賃貸収益又はキャピタル・ゲインの獲得を目的として保有されている不動産とに区別している（第４項(2)参照）。後者のうち，貸借対照表において投資不動産として区分されている不動産（第５項(1)及び第22項参照）や将来の使用が見込まれていない遊休不動産（第５項(2)及び第23項参照）については，売却による回収額を意味する時価以上のキャッシュ・フローは見込めないため，これらを保有する企業にとっては時価が意味を持つと考えられる。

しかし，それ以外の第三者に利用させることによってキャッシュ・フローの獲得を図る不動産については，特に，事業遂行上の制約等から売却する意図がない場合や，不動産を第三者に利用させる努力をいかに行うかによってその成果が異なる場合，その企業にとっての当該不動産の価値は，時価の変動に応じて必ずしも変動するものではないと考えられる。

25. 国際財務報告基準では，第三者に利用させることによってキャッシュ・フローの獲得を図る不動産については，当該企業がその利用者に対して提供する付随的なサービスが取引全体の中で重要な場合，物品の製造や販売，サービスの提供，経営管理目的で保有されている不動産と同様に取り扱うものとしている。この際，付随的なサービスの重要性が低い場合としてオフィスビルの借手に提供する保全や営繕のサービスを例示し，その重要性が高い場合としてホテルを所有し運営する際の客に対するサービスを例示しているが，それらを区分する規準は定量的指針も含め詳細には定められていない。したがって，国際財務報告基準では，定義及び例示に従い個々の企業で判断基準を設定して首尾一貫した判断を行い，区分が困難な場合においては当該判断基準の注記を求めている。

26. このような国際財務報告基準の考え方を踏まえ，当委員会では，第三者に利用させることによってキャッシュ・フローの獲得を図る不動産について，その利用者に対する付随的なサービスが重要かどうかによって判断する方法が検討された。

検討の過程では，ホテルの運営業務のみならず，我が国における比較的短期間の賃貸借契約や借手が法的に強く保護されている実情に照らせば，テナント管理を含めたオフィスビル等の運営業務についても，利用者に対する付随的なサービスが重要といえるのではないかという意見があった。さらには，そのような事業を目的として保有されている不動産は，賃貸されているという形態は同じでも，そもそも投資の目的で保有する土地，建物その他の不動産とは性格が異なるため開示対象には該当せず，国際財務報告基準の考え方を踏まえた場合，これまで貸借対照表において投資不動産として区分されている不動産や将来の使用が見込まれていない遊休不動産だけが開示対象になるという意見もあった。

27. 一方，利用者に対する付随的なサービスの重要性で判断することは実務上容易ではなく，むしろ第三者に利用させることによってキャッシュ・フローの獲得を図る不動産については，すべて開示対象としてはどうかという意見があった。

ただし，これに対しては，国際財務報告基準と異なり自ら運営するホテルも開示対象となるという指摘や，一部の物流施設やレジャー関連施設等については，ホテルと同様に主として不動産を利用させ当該利用者に対する付随的なサービスが重要なものなのか，それとも物品の製造や販売，サービスの提供，経営管理目的で保有されている不動産と同様に主として利用者にサービスを提供し付随的に不動産を利用させているものなのかを判別することは困難な場合もあるという意見があった。

また，提供する付随的サービスが重要な不動産についても開示対象とした場合，物品の製造や販売，サービスの提供，経営管理目的で保有されている不動産を開示対象外にすることと矛盾するのではないかという指摘があった。

28. 検討の結果，本会計基準では，利用者に対する付随的なサービスの重要性を判断基準とすることは実務上容易ではないと考えられること，また，会計処理ではなく時価等の注記を行う開示対象範囲の問題であることから，形式的な区分を重視し，貸借対照表において投資不動産として区分されている不動産（第５項⑴参照）や将来の使用が見込まれていない遊休不動産（第５項⑵参照）に加え，賃貸されている不動産（第５項⑶参照）についても一律に開示対象とすることとした。また，第三者に利用させることによってキャッシュ・フローの獲得を図る不動産と考えられても，例えば，自ら運営しているホテルやゴルフ場等，賃貸されている不動産に該当しないものは開示対象外となる。

なお，賃貸されているオフィスビルや駐車場などの不動産は，形式的な区別に基づくものであり，投資の目的で保有する不動産には必ずしも該当しないと考えられることから，これらを総称して，本会計基準では，「賃貸等不動産」とすることとした。

### 賃貸等不動産として使用される部分の割合が低い不動産の取扱い

29. 賃貸等不動産の範囲を定めるにあたっては，賃貸されているという形式的な区分を重視したため，賃貸等不動産として使用される部分を含む不動産について，賃貸等不動産として使用される部分は，原則として賃貸等不動産に含めることとしている。しかしながら，賃貸等不動産として使用される部分の割合が低い場合は，全体が賃貸等不動産として使用されている不動産とは必ずしも同様のものではないと考えられるため，賃貸等不動産に含めないことができることとした（第７項参照）。

## 賃貸等不動産に関する注記事項

30. 本会計基準では，第18項で示した理由から，賃貸等不動産については，時価の注記を行うこととした。この際，貸借対照表計上額と当期末における時価のみならず，当該賃貸等不動産の期中における主な変動や損益も併せて注記することによって，財務諸表利用者が賃貸等不動産の収益性や投資効率などを総合的に把握することに役立つ情報を提供できると考えられたことから，国際財務報告基準と同様に，それらの注記も行うこととした。

31. リース取引の対象となっている賃貸等不動産については，企業会計基準第13号「リース取引に関する会計基準」に従った注記も併せて行うことに留意する必要がある。

## 四半期財務諸表における注記事項

32. 企業会計基準第12号「四半期財務諸表に関する会計基準」第19項(21)及び第25項(20)で定める「財政状態，経営成績及びキャッシュ・フローの状況を適切に判断するために重要なその他の事項」として，企業会計基準適用指針第14号「四半期財務諸表に関する会計基準の適用指針」第80項に鑑み，企業結合などにより賃貸等不動産が前事業年度末と比較して著しく変動している場合には，四半期会計期間末における賃貸等不動産の時価及び四半期貸借対照表計上額を記載することとなる。

## 適用時期等

33. 本会計基準では，企業の受入準備を考慮して平成22年３月31日以後終了する事業年度の年度末に係る財務諸表から適用するものとし，四半期財務諸表に関しては，翌事業年度から適用することを原則とした。この場合，中間財務諸表に関しては，平成22年４月１日以後開始する事業年度の中間会計期間から適用されることとなる。

なお，本会計基準を原則適用の事業年度以前の事業年度の期首から適用することも妨げられないため，例えば，平成21年１月１日以後開始する事業年度から適用することができる。ただし，この際，適用開始の前事業年度末に時価等の情報が開示されていない項目であっても，四半期財務諸表において前事業年度末と比較し著しい変動がある場合には，第32項の注記事項が必要となることに留意する必要がある。

34. 審議の過程では，賃貸等不動産に関する注記事項は，管理状況等に応じて用途別，地域別等に区分して開示することができる（第８項参照）が，これはセグメント情報の開示にも関連するため，企業会計基準第17号「セグメント情報等の開示に関する会計基準」の適用時期と合わせることが実務上，受け入れやすいという意見もあった。

しかし，当該区分は管理状況等に応じて行うことができるとしているものであること，また，当該意見を踏まえ期首からの適用とすると，適用開始の前事業年度末に時価等の情報が開示されていない項目であっても，四半期財務諸表において前事業年度末と比較し著しい変動がある場合には，第32項の注記事項が必要となることから，改正された金融商品会計基準と同様に，平成22年３月31日以後終了する事業年度の年度末に係る財務諸表から適用することとした。

35. 本会計基準により，新たに注記する事項は，会計基準の変更に伴う会計方針の変更にはあたらないこととなる。

以　上

企業会計基準適用指針第23号
# 賃貸等不動産の時価等の開示に関する会計基準の適用指針

平成20年11月28日
企業会計基準委員会

## 目　的

1．本適用指針は，企業会計基準第20号「賃貸等不動産の時価等の開示に関する会計基準」（以下「会計基準」という。）を適用する際の指針を定めることを目的とする。

## 適用指針

### 範囲及び用語の定義

2．本適用指針を適用する範囲及び用語の定義は，会計基準と同様とする。

### 賃貸等不動産の範囲

3．連結財務諸表において賃貸等不動産の時価等の開示を行う場合（会計基準第３項），賃貸等不動産（会計基準第４項⑵）に該当するか否かの判断は連結の観点から行う。したがって，例えば，連結会社間で賃貸されている不動産は，連結貸借対照表上，賃貸等不動産には該当しないこととなる。

4．賃貸等不動産は，貸借対照表上，通常，次の科目に含まれている。

⑴「有形固定資産」に計上されている土地，建物（建物附属設備を含む。以下同じ。），構築物及び建設仮勘定

⑵「無形固定資産」に計上されている借地権

⑶「投資その他の資産」に計上されている投資不動産

5．ファイナンス・リース取引に該当する不動産については，貸手において賃貸等不動産には該当せず，借手において当該不動産が会計基準第４項⑵に該当する場合には，賃貸等不動産となる。

6．不動産を信託財産としている信託（不動産信託）の受益者は，原則として，不動産を直接保有する場合と同様に処理することから，その信託財産である不動産が会計基準第４項⑵に該当する場合には，受益者は当該不動産の持分割合に相当する部分を賃貸等不動産として取り扱うこととなる。

7．物品の製造や販売，サービスの提供，経営管理に使用されている部分と賃貸等不動産として使用される部分で構成される不動産について，賃貸等不動産として使用される部分は，賃貸等不動産に含めることとしているが（会計基準第7項），当該部分を区分するにあたっては，管理会計上の区分方法その他の合理的な方法を用いることとする。

## 賃貸等不動産に関する注記事項

### 賃貸等不動産の総額に重要性が乏しい場合

8．賃貸等不動産を保有している場合において，賃貸等不動産の総額に重要性が乏しいときは注記を省略することができる（会計基準第8項ただし書き）。当該賃貸等不動産の総額に重要性が乏しいかどうかは，賃貸等不動産の貸借対照表日における時価を基礎とした金額と当該時価を基礎とした総資産の金額との比較をもって判断することとする。

### 賃貸等不動産の概要

9．賃貸等不動産の概要（会計基準第8項⑴）には，主な賃貸等不動産の内容，種類，場所が含まれる。

### 賃貸等不動産の貸借対照表計上額及び期中における主な変動

10．賃貸等不動産の貸借対照表計上額及び期中における主な変動（会計基準第8項⑵）を注記するにあたっては，次の事項に留意する。

⑴　この注記は，原則として，取得原価から減価償却累計額及び減損損失累計額（減損損失累計額を取得原価から直接控除している場合を除く。以下同じ。）を控除した金額をもって行う。

　ただし，当期末における減価償却累計額及び減損損失累計額を別途記載する場合には，取得原価をもって記載することができる。この場合には，当期末における取得原価から減価償却累計額及び減損損失累計額を控除した金額についても記載する。

⑵　貸借対照表計上額に関する期中の変動に重要性がある場合には，その事由及び金額を記載する。

### 賃貸等不動産の当期末における時価及びその算定方法

11．賃貸等不動産の当期末における時価とは，通常，観察可能な市場価格に基づく価額をいい，市場価格が観察できない場合には合理的に算定された価額をいう（会計基準第4項⑴）。賃貸等不動産に関する合理的に算定された価額は，「不動産鑑定評価基準」（国土交通省）による方法又は類似の方法に基づいて算定する。

　なお，契約により取り決められた一定の売却予定価額がある場合は，合理的に算定された価額として当該売却予定価額を用いることとする。

12. 第三者からの取得時（連結財務諸表上，連結子会社の保有する賃貸等不動産については当該連結子会社の支配獲得時を含む。以下同じ。）又は直近の原則的な時価算定（第11項参照）を行った時から，一定の評価額や適切に市場価格を反映していると考えられる指標に重要な変動が生じていない場合には，当該評価額や指標を用いて調整した金額をもって当期末における時価とみなすことができる。さらに，その変動が軽微であるときには，取得時の価額又は直近の原則的な時価算定による価額をもって当期末の時価とみなすことができる。

13. 開示対象となる賃貸等不動産のうち重要性が乏しいものについては，一定の評価額や適切に市場価格を反映していると考えられる指標に基づく価額等を時価とみなすことができる。

14. 賃貸等不動産の時価を把握することが極めて困難な場合は，時価を注記せず，重要性が乏しいものを除き，その事由，当該賃貸等不動産の概要及び貸借対照表計上額を他の賃貸等不動産とは別に記載する。

15. 賃貸等不動産の当期末における時価は，当期末における取得原価から減価償却累計額及び減損損失累計額を控除した金額（第10項⑴参照）と比較できるように記載する。

### 賃貸等不動産に関する損益

16. 賃貸等不動産に関する損益（会計基準第８項⑷）を注記するにあたっては，次の事項に留意する。

⑴ 財務諸表において賃貸等不動産の損益の注記を行う場合，損益計算書における金額に基づくこととなる。この際，損益計算書において，賃貸等不動産に関して直接把握している損益のほか，管理会計上の数値に基づいて適切に算定した額その他の合理的な方法に基づく金額によって開示することができる。

⑵ 重要性が乏しい場合を除き，賃貸等不動産に関する賃貸収益とこれに係る費用（賃貸費用）による損益，売却損益，減損損失及びその他の損益等を適切に区分して記載する。

⑶ ⑵の損益については，収益と費用を総額で記載することができる。また，賃貸費用は，主な費目に区分して記載することができる。

### 賃貸等不動産として使用される部分を区分しない場合の取扱い

17. 物品の製造や販売，サービスの提供，経営管理に使用されている部分と賃貸等不動産として使用される部分で構成される不動産について，賃貸等不動産として使用される部分は，賃貸等不動産に含めることとしているが（会計基準第７項），当該部分の時価又は損益を，実務上把握することが困難である場合には，賃貸等不動産として使用される部分を含む不動産を区分せず，当該不動産全体を注記の対象とすることができる。この場合には，その旨及び当該不動産全体について会計基準第８項の注記事項（連結財務諸表上において当該不動産全体に関する損益の開示を行う場合，連結損益計算書における金額に基づく。）を他の賃貸等不動産とは別に記載する。

### その他の留意事項

18. 本適用指針による注記事項のうち，他に同様の開示が行われている場合には，その旨の記載をもって代えることができる。

### 適用時期

19. 本適用指針の適用時期は，会計基準と同様とする。

### 議　決

20. 本適用指針は，第166回企業会計基準委員会に出席した委員13名全員の賛成により承認された。

## 結論の背景

### 賃貸等不動産の範囲

21. 企業会計基準第13号「リース取引に関する会計基準」（以下「リース会計基準」という。）において，リース取引とは，特定の物件の所有者たる貸手が，当該物件の借手に対し，合意された期間にわたりこれを使用収益する権利を与え，借手は，合意された使用料を貸手に支払う取引をいうとされている（リース会計基準第４項）。また，土地，建物等の不動産のリース取引（契約上，賃貸借となっているものも含む。）についても，ファイナンス・リース取引に該当するかオペレーティング・リース取引に該当するかを判定するものとされている（企業会計基準適用指針第16号「リース取引に関する会計基準の適用指針」（以下「リース会計適用指針」という。）第19項）。

ファイナンス・リース取引に該当する不動産については，貸借対照表上，貸手において不動産ではなく金銭債権等として計上されるため，賃貸等不動産には該当せず，また，借手においては固定資産として取り扱われるため，当該不動産が会計基準第４項⑵に該当する場合には，賃貸等不動産となる。

平成19年３月に改正されたリース会計基準では，所有権移転外ファイナンス・リース取引について例外的に認められていた賃貸借処理が廃止され，固定資産に計上する売買処理に一本化されることとなったが，リース取引開始日が改正されたリース会計基準の適用初年度開始前のリース取引で，所有権移転外ファイナンス・リース取引と判定されたものについては，引き続き賃貸借取引に係る方法に準じた会計処理を適用することができるとされている（リース会計適用指針第79項及び第82項）。このため，借手が当該会計処理を適用している場合には，当該借手においてリース物件は不動産として取り扱われないこととなる。また，貸手が当該会計処理を適用している場合，当該貸手においては賃貸等不動産に該当することとなる。

なお，オペレーティング・リース取引に該当する不動産については，貸手において，賃貸等不動産に含まれる。

22. 不動産信託の受益者は，原則として，信託財産を直接保有する場合と同様に処理するものとされている（例えば，実務対応報告第23号「信託の会計処理に関する実務上の取扱い」参照）ことから，その信託財産である不動産が会計基準第４項(2)に該当する場合には，受益者は賃貸等不動産として取り扱うこととなる。ただし，当該信託に係る受益権が質的に異なるものに分割されている場合や受益者が多数となる場合，各受益者は，信託財産を直接保有するものとみなして会計処理を行うことは困難であることから，受益権を当該信託に対する有価証券とみなして処理することとなるため，受益者は，その信託財産である不動産を賃貸等不動産としては取り扱わないこととなる。同様に，不動産又は不動産信託の受益権を譲り受けた特別目的会社が発行した社債や出資証券は金融商品である（日本公認会計士協会　会計制度委員会報告第14号「金融商品会計に関する実務指針」第21項）ため，賃貸等不動産としては取り扱わないこととなる。

## 賃貸等不動産に関する注記事項

### 賃貸等不動産の総額に重要性が乏しい場合

23. 本適用指針では，賃貸等不動産の総額に重要性が乏しいかどうかについては，貸借対照表日における時価を基礎とした金額をもって判断することとしている（第８項参照）。したがって，当該判断を行う際には，賃貸等不動産の貸借対照表日における時価のみならず，総資産に関しても，賃貸等不動産の貸借対照表計上額と時価との差額（含み損益相当額）を勘案する必要がある。

この場合における時価を基礎とした金額の把握にあたっては，一定の評価額や適切に市場価格を反映していると考えられる指標に基づく価額等を用いることができる（第13項及び第33項参照）。また，建物等の償却性資産については，適正な帳簿価額を用いることができる（第33項また書き参照）。

なお，賃貸等不動産の総額に重要性が明らかに乏しいと判断される場合は，貸借対照表日における時価を基礎とした金額による重要性の判断を行わず，会計基準第８項の注記を省略することができる。

**賃貸等不動産の概要**

24. 賃貸等不動産の概要を注記するにあたり，管理状況等に応じた区分による開示を行う場合は，当該区分と関連付けて記載することが適当である。

**賃貸等不動産の貸借対照表計上額及び期中における主な変動**

25. 賃貸等不動産の貸借対照表計上額を注記するにあたっては，当期末における時価と対応するように，原則として，取得原価から減価償却累計額及び減損損失累計額を控除した金額をもって行うこととしているが（第10項(1)参照），賃貸等不動産の貸借対照表計上額に資産除去債務が含まれるなど，当該貸借対照表計上額と当期末における時価とが対応しない場合には，資産除去債務の金額を記載するなど，追加的な説明を行うことが適当であると考えられる。

　また，「土地の再評価に関する法律」第10条に規定する差額の注記（当期末における事業用土地の時価の合計額が当該事業用土地の貸借対照表計上額の合計額を下回った場合に，その差額を注記）を行っており，当該差額に賃貸等不動産によるものが含まれている場合，重要性が乏しいときを除き，当該差額のうち賃貸等不動産による差額を併せて開示することが適当であると考えられる。

26. 賃貸等不動産の期中における変動には，取得，処分等による変動に加え，賃貸等不動産から棚卸資産への振替及び棚卸資産から賃貸等不動産への振替による変動も含まれることに留意する必要がある。

27. 賃貸等不動産の期中における変動を注記するにあたっては，必ずしも増加額と減少額を個別に記載することを要しないが，変動額に重要性がある場合には，その事由及び金額を記載する必要がある。

**賃貸等不動産の当期末における時価及びその算定方法**

28. 賃貸等不動産に関する合理的に算定された価額（第11項参照）は，自社における合理的な見積り又は不動産鑑定士による鑑定評価等として算定することとなる。

29. 「不動産鑑定評価基準」においては，評価目的に応じて，正常価格，特定価格，限定価格，特殊価格が列挙されているが，不動産の鑑定評価によって求める価格のうち，賃貸等不動産の時価の注記を行うにあたって時価に対応するものは正常価格（市場性を有する不動産について，現実の社会経済情勢の下で合理的と考えられる条件を満たす市場で形成されるであろう市場価値を表示する適正な価格）であると考えられる。

　「不動産鑑定評価基準」では，この正常価格を求めるにあたり，再調達原価をもって評価する原価法(コスト・アプローチ), 同等の資産が市場で実際に取引される価格をもって評価する取引事例比較法（マーケット・アプローチ）及び将来において期待される収益をもって評価する収益還元法（インカム・アプローチ）の３手法の適用により求められた価格を併用又は斟酌することとしている。

30. 一方，特定価格とは，市場性を有する不動産について，法令等による社会的要請を背景とする評価目的の下で，正常価格の前提となる諸条件を満たさない場合における不動産の経済価値を適正に表示する価格をいう。

このうち，「資産の流動化に関する法律」又は「投資信託及び投資法人に関する法律」に基づく評価目的の下で，投資家に示すための「投資採算価値」を表す価格を求める場合は，特定資産の取得時又は保有期間中の価格としての鑑定評価に際しては，資産流動化計画等により投資家に開示される対象不動産の運用方法を所与とする必要があることから，必ずしも対象不動産の最有効使用を前提とするものではないため，正常価格ではなく特定価格として求めなければならないとされている。

このような収益物件の評価方法は，基本的に収益還元法のうち割引キャッシュ・フロー（ＤＣＦ）法により求めた試算価格を標準とし，直接還元法による検証を行って求めた収益価格に基づき鑑定評価額を決定するが，この際，比準価格及び積算価格による収益価格の検証も行うこととされている。

31. 収益物件の場合には，前項のようなＤＣＦ法を重視した算定方法であれば，結果として正常価格と概ね一致するとの見方もあり，また，実際の収益物件の価格形成が収益還元法に基づいている場合が多いという状況も踏まえ，賃貸されている不動産の時価を開示するにあたっては，そのようなＤＣＦ法を重視した算定方法も用いることができると考えられる。

32. 「不動産鑑定評価基準」では，取引事例比較法における時点修正にあたっては，事例に係る不動産の存する用途的地域又は当該地域と相似の価格変動過程を経たと認められる類似の地域における土地又は建物の価格の変動率を求め，これにより取引価格を修正すべきであるとされている。本適用指針では，当該考え方に準じて，一定の調整をした金額等をもって当期末における時価とみなすことができることとした（第12項参照）。

ただし，これは，第三者からの取得価額又は直近の原則的な時価算定による価額が適切に算定されていることを前提として，一定の評価額や適切に市場価格を反映していると考えられる指標に重要な変動が生じていない場合又はその変動が軽微である場合の取扱いである。したがって，当該指標等に重要な変動が生じている場合や稀ではあるものの取得価額につき合理性が乏しいと考えられる場合は，原則的な時価算定（第11項参照）を行わなければならないことに留意する必要がある。

また，いずれの場合でも，第三者からの取得時や直近の原則的な時価算定を行った時から長期間経過した場合には，原則的な時価算定（第11項参照）の必要性が高まることに留意する必要がある。

33. 開示対象となる賃貸等不動産のうち重要性が乏しいものについては，一定の評価額や適切に市場価格を反映していると考えられる指標に基づく価額を時価とみなすことができる（第13項参照）が，一定の評価額や適切に市場価格を反映していると考えられる指標に基づく価額には，容易に入手できる評価額や指標を合理的に調整したものも含まれる。また，建物等の償却性資産については，適正な帳簿価額をもって時価とみなすことができる。

なお，容易に入手できると考えられる評価額には，いわゆる実勢価格や査定価格などの評価額が含まれ，また，容易に入手できると考えられる土地の価格指標には，公示価格，都道府県基準地価格，路線価による相続税評価額，固定資産税評価額が含まれる。

34. 賃貸等不動産の時価を把握することが極めて困難な場合（第14項参照）としては，例えば，現在も将来も使用が見込まれておらず売却も容易にできない山林や着工して間もない大規模開発中の不動産などが考えられるが，賃貸等不動産の状況は一様ではないため，状況に応じて適切に判断する必要があると考えられる。

**賃貸等不動産に関する損益**

35. 連結財務諸表において賃貸等不動産に関する損益を注記する場合には，連結損益計算書における金額に基づくこととなり，また，管理会計上の数値に基づいて適切に算定した額その他の合理的な方法に基づく金額によって開示することができる（第16項(1)参照）。このため，例えば，複数の不動産について費用等を一括して把握している場合など，賃貸等不動産の個々の損益を直接的に把握していない場合においては，連結損益計算書上の賃貸収益及びこれに係る費用を管理会計上の区分割合に基づいて配賦した額や，各不動産の連結相殺消去前の賃貸収益及びこれに係る費用に適切な調整を加えるなど合理的に賃貸等不動産の損益として把握した額をもって開示することができる。

## 参考（開示例）

以下の開示例は，会計基準及び本適用指針で示された内容についての理解に資するため，参考として示されたものであり，記載内容は各企業の実情等に応じて異なることに留意する必要がある。

### [開示例１]　賃貸等不動産を一括して注記する場合

当社及び一部の子会社では，東京都その他の地域において，賃貸用のオフィスビル（土地を含む。）を有しております。平成××年３月期における当該賃貸等不動産に関する賃貸損益は×××百万円（賃貸収益は営業外収益に，主な賃貸費用は営業外費用に計上），減損損失は×××百万円（特別損失に計上）であります。

また，当該賃貸等不動産の連結貸借対照表計上額，当期増減額及び時価は，次のとおりであります。

（単位：百万円）

| 連結貸借対照表計上額 | | | 当期末の時価 |
|---|---|---|---|
| 前期末残高 | 当期増減額 | 当期末残高 | |
| ××× | ××× | ××× | ××× |

（注１）　連結貸借対照表計上額は，取得原価から減価償却累計額及び減損損失累計額を控除した金額であります。

（注２）　当期増減額のうち，主な増加額は不動産取得（×××百万円）であり，主な減少額は減損損失（×××百万円）であります。

（注３）　当期末の時価は，主として「不動産鑑定評価基準」に基づいて自社で算定した金額（指標等を用いて調整を行ったものを含む。）であります。

## ［開示例２］　賃貸等不動産を管理状況に応じ区分して注記する場合（会計基準第８項また書き）

当社及び一部の子会社では，東京都や大阪府などの全国主要都市を中心に，賃貸オフィスビルや賃貸商業施設，賃貸住宅を所有しております。これら賃貸等不動産の連結貸借対照表計上額，当期増減額及び時価は，次のとおりであります。

（単位：百万円）

| 用　　途 | 連結貸借対照表計上額 | | | 当期末の時価 |
|---|---|---|---|---|
| | 前期末残高 | 当期増減額 | 当期末残高 | |
| オフィスビル<br>（うち建設予定の土地） | ×××<br>（　×××） | ×××<br>（　×××） | ×××<br>（　×××） | ×××<br>（　×××） |
| 商業施設 | ××× | ××× | ××× | ××× |
| 住　　宅 | ××× | ××× | ××× | ××× |
| 合　　計 | ××× | ××× | ××× | ××× |

（注１）　該当する賃貸等不動産の概要については，「第３　設備の状況」をご覧下さい。

（注２）　連結貸借対照表計上額は，取得原価から減価償却累計額及び減損損失累計額を控除した金額であります。

（注３）　当期増減額のうち，主な増加額は次のとおりであります。

オフィスビル－Aビルの取得（×××百万円）及びBビルのリニューアル（×××百万円）

（注４）　当期増減額のうち，主な減少額は次のとおりであります。
オフィスビル－販売用不動産への振替（×××百万円）及びCビルの売却（×××百万円）

（注５）　当期末の時価は，主要な物件については社外の不動産鑑定士による不動産鑑定評価書に基づく金額，その他の物件については「不動産鑑定評価基準」に基づいて自社で算定した金額であります。ただし，第三者からの取得時や直近の評価時点から，一定の評価額や適切に市場価格を反映していると考えられる指標に重要な変動が生じていない場合には，当該評価額や指標を用いて調整した金額によっております。また，当期に新規取得したものについては，時価の変動が軽微であると考えられるため，連結貸借対照表計上額をもって時価としております。

また，賃貸等不動産に関する平成××年３月期における損益は，次のとおりであります。

（単位：百万円）

| 用　　途 | 連結損益計算書における金額 | | | |
|---|---|---|---|---|
| | 営業収益 | 営業原価 | 営業利益 | その他損益 |
| オフィスビル | ××× | ××× | ××× | ××× |
| 商業施設 | ××× | ××× | ××× | － |
| 住　　宅 | ××× | ××× | ××× | － |
| 合　　計 | ××× | ××× | ××× | ××× |

（注１）　営業収益及び営業原価は，賃貸収益とこれに対応する費用（減価償却費，修繕費，保険料，租税公課等）であり，それぞれ「営業収益」及び「営業原価」に計上されております。

（注２）　その他損益は，売却益であり「特別利益」に計上されております。

### ［開示例３］　賃貸等不動産として使用される部分を区分しない場合（第17項）

当社及び一部の子会社では，東京都その他の地域及び海外（主に○○国）において，賃貸収益を得ることを目的として賃貸オフィスビルや賃貸商業施設を所有しております。なお，国内の賃貸オフィスビルの一部については，当社及び一部の子会社が使用しているため，賃貸等不動産として使用される部分を含む不動産としております。

これら賃貸等不動産及び賃貸等不動産として使用される部分を含む不動産に関する連結貸借対照表計上額，当期増減額及び時価は，次のとおりであります。

（単位：百万円）

| | 連結貸借対照表計上額 | | | 当期末の時価 |
|---|---|---|---|---|
| | 前期末残高 | 当期増減額 | 当期末残高 | |
| 賃貸等不動産 | ××× | ××× | ××× | ××× |
| 賃貸等不動産として使用される部分を含む不動産 | ××× | ××× | ××× | ××× |

（注１） 連結貸借対照表計上額は，取得原価から減価償却累計額及び減損損失累計額を控除した金額であります。

（注２） 賃貸等不動産の当期増減額のうち，主な増加額は不動産取得（×××百万円）であり，主な減少額は不動産売却（×××百万円）であります。

（注３） 当期末の時価は，以下によっております。

⑴ 国内の不動産については，主に「不動産鑑定評価基準」に基づいて自社で算定した金額（指標等を用いて調整を行ったものを含む。）であります。

⑵ 海外の不動産については，主に現地の鑑定人による鑑定評価額であります。

（注４） Ａプロジェクト（連結貸借対照表計上額×××百万円）は，大規模な賃貸商業施設を開発するものであり，開発の初期段階にあることから，時価を把握することが極めて困難であるため，上表には含まれておりません。

また，賃貸等不動産及び賃貸等不動産として使用される部分を含む不動産に関する平成××年３月期における損益は，次のとおりであります。

（単位：百万円）

| | 賃貸収益 | 賃貸費用 | 差　　額 | そ　の　他<br>（売却損益等） |
|---|---|---|---|---|
| 賃貸等不動産 | ××× | ××× | ××× | ××× |
| 賃貸等不動産として使用される部分を含む不動産 | ××× | ××× | ××× | ××× |

（注） 賃貸等不動産として使用される部分を含む不動産には，サービスの提供及び経営管理として当社及び一部の子会社が使用している部分も含むため，当該部分の賃貸収益は，計上されておりません。なお，当該不動産に係る費用（減価償却費，修繕費，保険料，租税公課等）については，賃貸費用に含まれております。

以　上

## 著　者　略　歴

1942年７月　鹿児島県出生
1969年３月　早稲田大学大学院法学研究科修士課程修了
同　年４月　大成道路株式会社入社
1974年２月　(財)日本不動産研究所入所
現　　　在　同所顧問
　　　　　　(社) 日本不動産鑑定協会実務修習修了考査委員会委員
1977年～2005年　地価公示・地価調査評価員
1985年～1989年　国土庁不動産鑑定評価実務標準化研究会委員
1988年～1990年　国土庁不動産鑑定評価基準検討委員会委員
1989年度，1990年度不動産鑑定士第三次試験委員
1993年度，1994年度，1995年度不動産鑑定士第二次試験委員
日本土地法学会会員
不動産学会会員
不動産鑑定士

著者との契約により検印省略

平成21年11月10日　初版第１刷発行　**証券化を支える不動産評価**

著　　者　宮ヶ原（みやがはら）　光正（みつまさ）
発 行 者　大　坪　嘉　春
印 刷 所　税経印刷株式会社
製 本 所　株式会社　三森製本所

発 行 所　東京都新宿区下落合２丁目５番13号　株式会社　税務経理協会
郵便番号 161−0033　振替 00190−2−187408　電話(03)3953−3301(編集部)
FAX(03)3565−3391　(03)3953−3325(営業部)
URL　http://www.zeikei.co.jp/
乱丁・落丁の場合はお取替えいたします。



ISBN978−4−419−05370−3　C2033